鲁迅美术学院学术著作出版基金资助出版

高等学校全面预算绩效管理机制研究

赵　展／著

新华出版社

图书在版编目 (CIP) 数据

高等学校全面预算绩效管理机制研究 / 赵展著 .
— 北京：新华出版社，2022.10
ISBN 978-7-5166-6506-0

Ⅰ.①高… Ⅱ.①赵… Ⅲ.①高等学校 – 预算管理 –
研究 – 中国 Ⅳ.① G647.5

中国版本图书馆 CIP 数据核字（2022）第 190622 号

高等学校全面预算绩效管理机制研究

作　　者：赵　展

责任编辑：蒋小云　　　　　　　　封面设计：马静静

出版发行：新华出版社
地　　址：北京石景山区京原路 8 号　邮　　编：100040
网　　址：http：//www.xinhuapub.com
经　　销：新华书店
　　　　　新华出版社天猫旗舰店、京东旗舰店及各大网店
购书热线：010-63077122　　　中国新闻书店购书热线：010-63072012

照　　排：北京亚吉飞数码科技有限公司
印　　刷：北京亚吉飞数码科技有限公司
成品尺寸：170mm×240mm　　1/16
印　　张：8.5　　　　　　　字　　数：143 千字
版　　次：2023 年 4 月第一版　印　　次：2023 年 4 月第一次印刷
书　　号：ISBN 978-7-5166-6506-0
定　　价：78.00 元

前　言/PREFACE

　　全面实施预算绩效管理是优化财政资源配置、提升公共服务质量的关键举措，也是深化财税体制改革、建立现代财政制度的重要内容。全面实施预算改革被视为重塑公共治理理念与机制的重要基石，而全面实施预算绩效管理不仅直接体现了政府预算编制理念及方法的转型，更推动着政府治理机制与治理能力现代化水平的提升。

　　单纯从语言学的角度来看，绩效是指成绩或效益，绩效是一个组织或个人在一定时期内的投入产出情况，用在公共部门可以衡量政府活动的效果。在绩效预算中，"绩效"的具体含义通常是项目对既定目标的贡献。

　　我国始终把教育放在战略优先发展地位，目前高等学校在实施预算绩效管理中还存在诸多问题，如使用预算绩效管理的观念不到位、预算绩效管理缺乏整体性和全面性，绩效指标设置不合理、绩效评价结果未得到有效应用等。针对以上存在的问题，作者对辽宁省一些高等学校开展问卷调查，对调查结果进行汇总分析，结合预算绩效管理的理论基础、国际不同历史时期存在的预算模式，以及多国实施绩效预算及其高等教育实施绩效预算管理的经验教训，对我国高等学院预算绩效管理制度和实践进行梳理分析，概括叙述我国高等学院预算绩效审计制度的，并对我国高等学校实施预算绩效管理提出建设性意见。

　　本书共分为八章,第一章是绪论,包括从全球视野下探讨绩效预算改革的热潮、实施全面预算绩效管理的政策发展背景、辽宁省对全面实施预算绩效管理的工作部署以及高等学校实施全面预算绩效管理的现实需要,并指出全面使用预算绩效管理和提高高校财政资金的有效配置是实现高校发展战略目标的需要,能够促进高校实现内涵发展、提升教学和科研水平。此外,对绩效预算的理论基础进行阐述,其中包括新制度经济学、公共管理的政治经济学、新公共管理体系等。第二章是关于高等学校全面预算绩效管理的国外和国内文献综述。第三章是高等学校预算绩效管理制度沿革,包括比较主要的分项预算、项目预算、计划项目预算、零基预算以及早期绩效预算和新绩效预算,还对近年来受到关注的几种预算模式进行阐述,其中包括战略预算、可持续预算、参与式预算、公式预算以及目标管理,同时对三种主要预算系统的变体或延伸的预算模式进行分析,并对西方的预算制度进行评价分析。第四章是国外绩效预算发展及高等学校预算绩效发展沿革分析,对美国、意大利、俄罗斯的绩效预算改革历程进行汇总分析,并指出改革中存在的风险挑战和应对措施。同时对国外的高等学校预算绩效管理的实践进行汇总分析,其中包括美国、俄罗斯以及斯洛伐克共和国的高等学校绩效预算改革的经验和教训及其对我国的启示。第五章是我国高等学校预算绩效管理制度与实践梳理,其中包括国家及地方全面预算绩效管理政策及法规,主要是针对辽宁省的全面预算绩效管理政策和法规。第六章是对辽宁省高校全面预算绩效管理现状及问题展开分析,包括对样本的情况分析以及发现存在的问题,如未实行高校预算收支全覆盖、缺乏预算绩效执行、高校预算管理信息系统化建设不到位、全面预算绩效管理考核指标不明确、可应用性不强、当前高校预算绩效管理中缺乏整体性等。第七章阐述我国高等学校预算绩效审计制度及实践,指出了高等学校预算绩效审计的必要性以及学校预算绩效审计的现状,提出了我国高等学校预算绩效审计内容以及我国高等学校绩效审计实践发展方向。第八章是高等学校全面预算绩效管理实施建议。

　　作者重视对实践展开研究,参考借鉴了国内外学者的理论研究成果,在此一并表示感谢,由于时间仓促,以及本书作者的能力水平所限,本书中还存在着许多不足之处,诚恳地希望学界同行和广大读者们的批评指正并提出珍贵的意见,以便在本书修订时进行完善。

作 者
2022 年 9 月

目录/contents

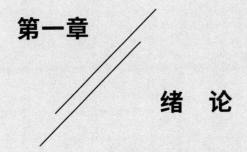

第一章

绪　论

第一节　研究背景

一、全球视野下绩效预算改革的热潮

从全球范围来看,采用绩效预算系统是经合组织(OECD)及其他国家和地区的一项重要改革趋势。绩效预算的理念最初来自美国,早在20世纪80年代,新西兰就开始尝试绩效预算,随后在20世纪90年代,澳大利亚、加拿大、丹麦、芬兰、荷兰、瑞典、英国和美国开始不同程度开展绩效预算改革。随着时间的推移,越来越多的国家也纷纷效仿,绩效预算成为全球范围内的普遍做法。

2014年,已大约有三分之二的经合组织国家发布了绩效预算指导方针,但是绩效预算还没有形成一个统一的模式,每个国家都采用了自己的版本,且各国政府绩效预算系统的组成要素之间也差别很大。同时,即使是进行了最先进、最科学的绩效预算改革的国家也不能宣称他们的绩效预算系统已经完善,在实践中,这些国家仍在不断改进和优化他们的绩效预算制度。

在政府财政资金紧张的情况下,开展绩效预算改革更具有吸引力,因为绩效预算改革给出了可以提高资源使用效率的承诺,制度改革者们正在寻找所谓的"用更少的钱做更多的事情"的方法,并以更加理性和科学的方式削减开支。美国学者Kells认为,绩效预算中的一个基本特征是对绩效指标的关注,与管理者所处的政治和金融环境密切相关。例如,在拥有充足资源和经济实力的国家,人们对绩效指标的兴趣很低,他们也没有去实施绩效预算的冲动,而在高度依赖政府财政资金的地方,对绩效指标的支持率则会是很高,能够充分体现花小钱办大事的效果。然而在实践中,实施绩效预算改革的过程中往往面临着诸多困难,导致改革结果不尽如人意,甚至一些改革出现了逆转,导致重新陷入财政资金使用效率低下的局面。

20 世纪 60 年代美国开始尝试开展计划项目预算(PPBS),在 20 世纪 70 年代,零基预算在当时已经暴露出很多问题,虽然当代预算中采用了零基预算的一些做法和特点,绩效预算的出现也是为了改进零基预算中出现的问题和缺陷。当前,美国各州广泛采用绩效预算管理,西欧国家和澳大利亚等国家以各种形式进行改革尝试,美国各州越来越多地建立资金计划来促进特定目标,通常被称为激励资金计划或绩效资金管理。

不同的州对绩效资金的定义和形式有所不同,这就导致对绩效预算的定义也不同。例如,田纳西州从 20 世纪 70 年代开始,就率先用这类资金进行实验,他们把绩效预算定义为奖励资金计划,依据该州的财政预算执行情况报告,他们把绩效管理照此进行定义,发展到 90 年代,全美就有 32 个州制定了高达 116 个奖励资金计划或者奖励资金方案,这些绩效管理的定义或者名称不同,其实质都是对预算进行绩效科学管理。

二、中国全面预算绩效管理的政策发展背景

在全球范围绩效预算全面铺开的背景下,我国在绩效预算管理方面也进行了多年的探索和实践研究。进入新时代以来,已经进入实质性的体制改革阶段,党中央、国务院高度重视预算绩效管理工作,多次强调要深化预算制度改革,加强预算绩效管理,提高预算资金的使用效益和政府工作效率。早在党的十六届三中全会上就提出"建立预算绩效评价体系",2018 年 9 月,《中共中央国务院关于全面实施预算绩效管理的意见》公布,提出加快建成全方位、全过程、全覆盖的预算绩效管理体系。聚焦解决当前预算绩效管理中存在的突出问题,对全面实施预算绩效管理进行统筹谋划和顶层设计,是新时期预算绩效管理工作的根本遵循。该意见要求将绩效理念和方式融入预算管理中,更加注重结果导向,我国预算从以政策和项目预算为主,向部门和单位预算、政府预算拓展。该意见中对"部门和单位整体绩效"的概念进行首次明确,"赋予部门和资金使用单位更多的管理自主权",突出预算实施主体地位,"衡

量部门和单位整体及核心业务实施效果,推动提高部门和单位整体绩效水平。"该意见从政策角度对部门整体绩效管理进行了明确,指出其本质上是一种新型组织的运行形态,预算是主线,利用计划、实施、控制以及调整等方式,发挥业务、预算、资源以及资产等要素的协同作用,最终最大限度地提高并持续改进部门整体绩效。财政部明确提出,到2020年底,中央部门和省级层面要基本建成全方位、全过程、全覆盖的预算绩效管理体系;到2022年底,市县层面要基本建成全方位、全过程、全覆盖的预算绩效管理体系,做到"花钱必问效、无效必问责",大幅提升预算管理水平和政策实施效果。

三、辽宁省全面实施预算绩效管理的工作部署

与全国实施全面预算绩效制度的进度同步,辽宁省已初步建立了预算绩效管理机制,亟需反馈管理体制机制的具体实现形式和实施效果。2011年起,辽宁省积极推进预算绩效管理工作,在健全政策制度框架和全过程预算绩效管理体系等方面已取得了诸多工作亮点。在实施监控约束方面,省财政厅制发了《辽宁省省级财政支出绩效监控管理暂行办法》文件,组织省直部门对应执行监控的预算项目全部开展绩效监控,并将绩效监控结果与当年预算调整和下一年度预算安排挂钩;加强项目支出评价,省直部门对全部纳入预算绩效管理的项目开展自评;强化评价结果应用,将评价结果与预算安排挂钩,将绩效评价结果和整改情况作为编制下一年度省本级预算的重要依据。2019年辽宁省政府工作报告中提出,全面实施预算绩效管理,提高财政资金使用效率。2019年3月辽宁省发布了《中共辽宁省委 辽宁省人民政府关于全面实施预算绩效管理的实施意见》,2020年辽宁省部门预算编制政策要求中明确提出对项目支出预算的绩效运行实施全方位监控,开展预算执行情况的全程跟踪,并对预算指标的实现程度进行考核,对省本级资金安排的项目全部实施项目库管理,并根据绩效评价结果实现滚动管理。

根据辽宁省财政厅出台的《关于印发辽宁省省级预算绩效管理实施细则(试行)的通知》(辽财绩〔2019〕350号)文件,绩效监控结果将作为调整当年预算和安排下年预算的重要依据,对绩效评估好、执行到期没有继续实施的必要性和可行性的项目就不再安排预算,根据绩效结果进行结构性调整,压低效补高效,突出资金绩效。2019年辽宁省财政厅通过开展试点,设置了2000余条共性和个性绩效指标。目前处于探索和总结经验阶段。

为促进全省预算绩效提质增效管理,2021年辽宁省财政厅将工作考核作为重要抓手,将考核融入预算绩效管理流程中的各项工作,确定更加明确的考核目标、更加全面的考核内容,使考核的重点突出、导向鲜明。通过考核发现目前辽宁省直部门在预算绩效管理中存在的指标体系不健全、事前评估粗放、评价质量不高等问题,为将来工作开展指明方向。

2021年10月11日,辽宁省财政厅印发了《辽宁省省级预算绩效管理专家库管理暂行办法》,该办法规范预算绩效管理专家的聘用和管理,有助于推行辽宁省全面实施预算绩效管理,提高预算绩效管理工作质量和效率,为绩效管理提供智力支撑。

2021年财政部正式启用预算绩效评价第三方机构信用管理平台。该平台是财政部为第三方机构参与到预算绩效评价业务而设置的重要载体,该平台的建立能够有效提高绩效预算评价的执行质量和水平,为绩效评价的委托方提供更加优质和便利的预算绩效评价服务。

为了做好该平台在辽宁各地区的上线运行工作,辽宁省财政厅做了大量的宣传和部署等工作,截至2021年10月,辽宁省第三方信用平台经审核通过的注册用户有379个,完成信息填报的用户为243个。

2021年辽宁省财政厅对预算绩效指标体系进行了"升级"。在原有指标体系的基础上,进一步细化预算绩效指标体系,为建立规范的预算绩效管理平台,制定了《辽宁省预算绩效指标体系(2021年版)》和《辽宁省预算绩效指标模板库(2021年版)》,提出让绩效指标说"明白话""公道话""简单话""实在话"。

四、高校全面实施预算绩效管理的现实需要

以高等学校为代表的教育部门全面实施预算绩效管理是贯彻落实全面实施预算绩效管理工作的重要组成部分。党中央、国务院高度重视教育工作，始终把教育放在优先发展的战略位置。近年来，国家财政性教育经费支出占国内生产总值比例达到并持续保持在 4% 以上，投入机制逐步健全，支出结构不断优化，有力推动了教育事业全面发展。但教育领域特别是高等教育还存在教育经费多渠道筹集体制不健全，一些地方经费使用"重硬件轻软件、重支出轻绩效"，监督管理存在漏洞等问题。在教育领域特别是高等教育领域加强教育经费投入使用管理，全面实施预算绩效管理，是加快推进教育现代化、健全激励和约束机制、创新管理方式、加强经费监管的具体措施。通过改革创新，强化顶层设计，积极构建科学规范、公平公正、导向清晰、讲求绩效的高校预算拨款制度，支持世界一流大学和一流学科建设，通过实施全面预算绩效管理，加快构建高校预算拨款机制的科学规范性、可操作性、指导性，加快推进高等学校"双一流"项目建设。

第二节 研究的目的和意义

预算绩效管理强化政府预算为民服务的理念，强调预算支出的责任和效率，要求在预算编制、执行、监督的全过程中更加关注预算资金的产出和结果，要求政府部门不断改进服务水平和质量，花尽量少的资金、办尽量多的实事，向社会公众提供更多、更好的公共产品和公共服务，使政府行为更加务实、高效。推进预算绩效管理，有利于提升预算管理水平、增强单位支出责任、提高公共服务质量、优化公共资源配置、节约公共支出成本。这是深入贯彻落实科学发展观的必然要求，是深化行政体制改革的重要举措，也是财政科学化、精细化管理的重要内容，对

于加快经济发展方式的转变和和谐社会的构建,促进高效、责任、透明政府的建设具有重大的政治、经济和社会意义。实施全面绩效管理,重点在于加强事前评估、事中监控和事后评价。预算绩效管理,可以强化政府支出责任和管理效率,促进公共资源高效合理配置,促进财政管理由"重分配""重支出"粗放方式向"重管理""重绩效"精细化方式转变。

全过程预算绩效管理的核心具有全面性,即对所有的政府性资金实施预算编制管理以及对预算执行中的多个环节进行追踪问效管理。预算绩效是指预算资金所达到的产出和结果。预算绩效管理是政府绩效管理的重要组成部分,是一种以支出结果为导向的预算管理模式。近年来,我国政府着力探索实施预算绩效管理体系,但仍存在绩效理念未被广泛接受等问题。

一、高校实施全面预算绩效管理可以提高高校财政资源的有效配置

预算对一个部门而言,具有导向性、约束性以及前置性的特点,通过预算将业务过程和组织管理的过程串联起来,以预算为主线和纽带,协同考虑业务、人力资源和资产,建立起以预算为纽带的高校绩效协同机制。

全面预算绩效管理要全覆盖到高校的全部收支,目前高校的预算收入主要包括以下三种:财政补助收入、事业收入和其他收入,高校的收入主要来自财政拨款,高校办学规模、办学特色以及财务管理是财政拨款的重要参考因素,高校全面实施预算绩效管理,是顺应财政制度改革的迫切需要,有利于提高资金的使用效率,实现节约资源,帮助高校规避风险,有效减少不必要的浪费。在有限的资源的投入下,实现高校社会效益和经济效益的最大化。

二、实施高校预算绩效管理是高等学校实现战略发展目标的需要

首先,高校绩效管理与高校战略是相互依存、互为表里的关系,将高校全面预算同高校长远发展战略联系起来,全面预算管理能够完善高校治理结构,落实高校战略,提高控制水平。其次,高校的发展战略是为了实现高校长远发展,高校的总体战略通过各个具体工作来实现,预算是高校战略规划控制的重要组成部分,预算是行动计划和行动方案,帮助高校战略落地。高校的发展战略需要预算来支撑,预算以战略引导为基础,全面预算管理是为了实现高校某一时期的活动目标,通过全面预算管理,高校各管理部门对高校整体发展战略目标有了统一的认识以及产生战略协同效应。最后,将年度实现目标与高校中长期战略发展规划有机结合,阶段性落实高校整体战略目标,在预算执行的过程中不断发现问题,找到差异并进行分析和反馈,进而使得高校不断发现自身问题并进行改进,不断增强自身综合实力和水平。

三、实施高校预算绩效管理能促进高校实现内涵发展 实现提升教学与科研水平

从管理学角度看,全面预算管理是组织内部管理控制的核心,也是管理会计中一种常用的方法,高校预算绩效管理既能反映一段时期内各部门目标实现情况,又能综合反映一段时期的高校整体目标实现情况。通过一系列的可量化指标对项目的实施进展进行衡量,对高校的各层级的权责进行规范,权利和责任更加明晰,提高了全员参与度,增强高校作为预算主体的责任感,推动实现高校预算管理水平和绩效管理水平的提高,对促进高校实施内涵发展具有深远意义。

第三节 绩效预算的理论基础

一、新制度经济学

新制度经济学本身可以追溯到 1937 年科斯提出的交易成本理论。正如科斯所说的就是用主流经济学的方法分析制度的经济学。在新公共管理中,公共部门管理和对公共部门组织的管理技术的使用是以理性选择假设的新制度经济学为基础的。

交易可以被描述为两方或多方之间的服务交换过程。因此,交易成本是为了成功执行交易而必须专门付出的所有成本和努力的总和。尤其这些成本与信息和沟通障碍有关。解释考虑交易成本的交易效率设计是交易成本理论的目的。在寻求最佳设计的过程中,协调和激励问题变得明显相关。出现的问题是,如何在交易伙伴之间有效地分配交易活动,以便在最短的时间内以最低的协调费用实现解决方案。这也意味着合伙人需要被激励去完成分配给他们的任务,因为交易成本也受到个体特征(动机)的影响。这个动机问题的基本假设是,个人是理性的和机会主义的(公共选择理论)。

激励可以成为引导交易伙伴的行为朝着基于结果的任务完成的宝贵工具。契约理论就是针对这一方面的。研究如何设计激励契约,使代理人遵守委托人的意愿。在设计激励合同时,交易成本还包括与激励相关的成本,如监控或控制成本,协调问题导致与合同细节讨价还价相关的交易成本,以及在合同签订之前发生的所有成本。如前所述,新制度经济学的基本假设是个体及其机会主义行为的理性。新古典公共选择理论假设个体具有完全信息和完全理性。

相比之下,新制度经济学考虑的是信息不完全这一更为现实的情况。这种不完备性可能是由于个体吸收或使用信息的认知能力不同以及获取信息的成本不同造成的。造成个体差异的原因可能是先天遗传以及教育和培训中的差异产生的,因此,新制度经济学要求的是有限理性,而不是完全理性。

二、公共管理的政治经济学

没有政治经济学的整合,新公共管理以及微观经济学的许多其他研究领域都不可能得到充分的发展。莱恩指出公共部门按照法律和预算行事,自上而下制定,向下执行。马克斯·韦伯在 CM2 和 CM3 中模拟了这一情况,此理论在受到强烈批评之后,需要一种新的方法来取代它。为解决这一问题,公共政策引入从政策制定和执行之间运行的政策周期的方法。政策的制定和执行是密不可分的,彼此之间有着密切的联系。

在改革方面,总是有一个危险,那就是下一届政府可能不会继续推行上一届政府提出的改革举措。缺少连续性也妨碍了将成功和失败准确而公平地归因于单一的政治家或政府。政治问责可能是公共部门最显著的特点,也可能是采用从私营部门引进的管理技术时面临的最大挑战。尽管应用私营部门管理技术的目的是将政治从公共管理中剔除,并将活动仅仅建立在事实和努力的基础上,但新公共管理也无法实现这一目标。特别是在公共部门,政治家的行动和决定只有在未来一段时期才会显示其全部影响。因此,政客们有策略地选择他们的行动,以最大化他们连任的可能性。

政客们对他们的政治、社会和法律环境很敏感。为了最大限度地增加连任的可能性,他们应该做人们想让他们做的事情。如果政客不回应选民的愿望,就不会有满足感,政治就会失败。

穆雷·霍恩创造性地运用交易费用理论的基本方法,考察了在当代西方发达国家的经验性公共管理规律及其变革,通过比较分析指出了在实现社会目标的过程中,有效的公共管理应当确保交易费用最小化。

三、新公共管理体系

新公共管理(NPM)是 20 世纪 80 年代英国撒切尔政府领导下兴起的一股著名的公共部门改革浪潮,新公共管理产生了一定的国际影响力,同时也将 NPM 改革工具向其他国家传播,在瑞典和新西兰等国家也产生了一定的影响。

新公共管理旨在打造一个规模更小、效率更高、更注重结果的公共部门。它受到组织经济学中强调激励和绩效的委托代理理论等思想的影响。新公共管理的核心目标是持续增加经济公共部门和组织的效率和效益。新公共管理运动将绩效预算纳入公共部门改革议程。根据其倡导者的说法,绩效预算有许多优点。

新公共管理更加依赖于市场或准市场,需要建立一系列的授权管理,以及强有力的绩效衡量、监测和管理制度以及审计制度。NPM 理念通常由财政部或总理／总统办公室"拥有",而不是教育部等支出部门,并以自上而下的方式强加给地方一级的公共服务。人们希望直接通过直属管理或间接通过委托及代理框架内的强大合同来增加等级制度的力量。

第四节　研究的思路、框架及方法

一、研究思路

本书克服以往单一分析某一方面的研究方式,根据预算绩效管理是一个由绩效目标管理、绩效运行跟踪监控管理、绩效评价实施管理、绩效评价结果反馈和应用管理共同组成的综合系统,采用系统的、全面的、综合性的全过程和全环节分析,帮助辽宁省属高校牢固树立"花钱必问效、无效必问责"的理念,逐步将绩效管理范围覆盖所有财政教育资金,并深度融入预算编制、执行、监督全过程,完善细化可操作的绩效管理措施办法,建立健全体现辽宁省属高校特点的绩效管理体系,优化绩效目标设置,开展绩效目标执行监控,加强动态绩效评价,强化绩效评价结果应用,为全国高等学校提供全面实施预算绩效管理的参考。

在本书研究思路中,突出全过程监控和管理不可或缺,完善预算绩效目标的设定及调整、预算执行中的监控以及绩效评价以及结果的反馈和应用,并运用审阅法、对比分析法、实地考察法、调查走访法、分析性复核、利用外部专家法和综合分析法等方法开展分析研究。

一是综述及借鉴分析。首先从国际视野的角度来看,根据美国、意大利等国家预算绩效改革经验,找到我国高等学校全面实施预算绩效改革可以借鉴的经验。

二是结合我国地方全面预算绩效实践进行分析。从目前辽宁省高等学校全面实施预算绩效的现状着手,发现实施的现状和存在的问题。

三是聚焦专业行业,从高等学校绩效预算管理的行业出发,再围绕目前在高等学校的绩效管理中业务绩效管理和预算绩效管理存在的重复和分割的问题,多种维度给出高等学校整体绩效管理的实现路径和建议。

四是提出高等学校预算绩效审计的必要性以及学校预算绩效审计的现状,指出我国高等学校预算绩效审计内容以及我国高等学校绩效审计实践发展方向。

二、研究框架

(1)全面预算绩效管理的概念及相关政策。侧重介绍全面预算绩效管理的概念,注重国家政策和辽宁省政策的概念及内涵分析,以及全面实施预算绩效管理的理论基础和法理基础等方面内容。

(2)对国外预算绩效发展及高等学校预算绩效发展沿革进行分析,包括对美国、意大利、俄罗斯的绩效预算改革历程进行汇总分析,并指出改革中存在的风险挑战和应对措施。同时对美国、俄罗斯和斯洛伐克共和国高校预算绩效的实施情况和影响展开分析,对照绩效预算在高等学校的实施情况,总结取得的经验和教训。

(3)通过对样本数据分析发现高校全面预算绩效管理实施中的突出问题。一是未实行高校预算收支全覆盖,缺乏预算绩效执行;二是高校预算管理信息系统化建设不到位;三是全面预算绩效管理考核指标不明确,可应用性不强;四是从优化预算编制和加强高校预算执行监督、强化预算执行和加强高校的信息化水平的建设、加大顶层设计和完善绩效考核指标、丰富绩效评估方式和建立健全结果应用机制等方面提出优化高校全面预算绩效管理的建议。

(4)从目前高校整体对绩效管理存在两种形式着手,分析当前绩效管理存在多头管理、工作定位不清、绩效目标设计针对性不足、高校整体绩效固有的“整体性”被拆散等问题,以预算为引领,构建高校整体绩效管理制度化建设,高等学校根据发展战略编制整体绩效目标指标,对高校实施预算和绩效进行"双监控",建立多层次绩效评价体系,强化预算执行。

（5）针对上述问题和不足,有针对性地进行全过程、各环节研究,从需要抓紧改革机制、完善制度、创新方式,探索绩效管理的有效实施措施,从而实现绩效管理"影响预算资金投入,提高产出效果和效率,优化资源配置"的真正目的。将绩效关口前移,突出绩效导向,提出推进辽宁省属高校全面实施预算绩效管理的具体路径。从加强组织领导、组成发挥联动作用的组织机构、建立健全制度、推进相关改革、加强宣传培训、建立考核机制、完善绩效评价信息数据库等方面探索深化财政预算管理,提高财政资金使用绩效的具体路径。

三、研究方法

（1）本书运用审阅法、资料收集法、文献法了解国内外高等学校实施全面绩效预算的研究现状以及支持本书研究的理论依据。

（2）采用调查问卷法、访谈法了解高等学校全面实施预算绩效管理面临的主要问题、看法和困惑。为了解财务预算绩效管理在辽宁省高校中实施情况,通过调查问卷的方式,对各类高校共发放40份调查问卷,共回收有效调查问卷33份,主要包括以下内容:一是对样本高校的基础信息进行分析,包括在学科分类、在校教职工人数、学生人数占比方面展开分析;二是对样本高校经费占比数量以及预算规模进行分析;三是从是否制定本校实施全面预算绩效管理的相关规章制度、是否单独成立组织实施全面预算绩效管理工作的机构或小组以及是否根据自身战略发展设置绩效目标三个方面开展调查分析。

（3）运用对比分析法、实地考察法、调查走访法、分析性复核、利用外部专家法和综合分析法等方法进行分析研究,探讨解决高等学校全面实施预算绩效管理实施的制度性障碍和操作性等问题。

第五节　研究的内容及贡献

一、本书的主要内容

第一章绪论,引入全面预算绩效管理的研究背景,探析研究该项内容的目的和意义。尝试通过国内外权威文章或制度文件阐释相关概念的定义,介绍本书进行研究的思路、框架及方法,并对研究的内容及对当前预算绩效的实施所做的贡献进行总结。

第二章相关研究综述。本章梳理了国内和国外关于绩效预算以及预算绩效评价的相关研究成果,分析了研究现状的重要问题,提出了本书研究的创新性。

第三章从国际视角来看,结合西方国家实施的预算种类进行分类研究,对在历史上主要采用的预算种类进行分析,分析其优缺点,总结经验和得失。

第四章解剖个例,针对部分国家预算绩效管理的实践进行研究。对美国、意大利、俄罗斯实施预算绩效管理发展沿革,以及绩效预算改革的发起者、推动者和实施者展开分析,总结在预算绩效测评和预算绩效管理方面积累的宝贵经验和教训。同时对美国、俄罗斯及斯洛伐克共和国高校实施预算绩效管理的实践情况展开研究,并总结经验教训,得出对我国高等学校实施财务预算绩效管理的启示。

第五章对我国高等学校预算绩效管理制度进行分析,并结合辽宁省的预算绩效实践进行梳理。搜集国家及地方全面预算绩效管理政策及法规,以辽宁省全面预算绩效管理为例,对规章制度、实施现状、管理经验及困难等进行深层分析。

第六章对我国高等学校预算绩效评价指标进行分析。结合预算管理基础分析的结论,侧重预算绩效评价指标体系的建立和特征分析,从绩效管理入手,从考核的实施主体、时间、目的、绩效评价的指标体系和标准体系等多个维度方面考察业务绩效管理和预算绩效管理,发现高等学校整体绩效管理中存在的问题,最后从多种维度给出高等学校整体绩效管理的实现路径和建议。

第七章分别从不同形式的审计监督角度,分析高校预算绩效审计实践。

第八章给出高等学校全面预算绩效管理实施建议。

二、研究贡献

本课题调研到高等学校预算绩效管理的现状和问题。一是未实行高校预算收支全覆盖,缺乏预算绩效执行。高校是预算编制与执行的实施主体,样本高校中有57.6%的高校未将全部资金来源纳入预算绩效管理,72.3%的高校未将后勤集团、校医院等附属机构收入纳入预算绩效管理范围,42.4%的样本高校未建立预算执行实时监督机制,预算执行缺乏监督。二是预算绩效管理大数据技术平台建设方面,对样本高校的分析发现,未推进信息化建设的样本高校占21.2%,信息化程度低的样本高校仅占21.2%,信息化程度一般的样本高校占51.5%,信息化程度高的样本高校仅占6%。三是全面预算绩效管理考核指标不明确,应用性不强。39.4%的样本高校对基本资金和专项资金建立了绩效评价体系,30.3%的样本高校将预算绩效评估 结果作为各个部门下拨与分配资金的依据,21.2%的样本高校对预算绩效评估结果好(差)的部门或个人给予激励(责任追究),36.4%的样本高校未设定预算绩效评价目标或是预算绩效考核指标,48.5%的样本高校预算绩效评价指标并不能符合该校自身特点,75.8%的样本高校认为全面预算绩效评估结果会影响该校以后年度预算编制。四是高校存在的业务预算和绩效预算,存在重复管理和业务交叉问题,需找到合适切入点,推进高等学校整体预算绩效管理。

本书在撰写中通过实际调查了解我国高等学校实施全面预算绩效管理中存在的问题,总结从国外绩效预算以及高校预算绩效发展沿革得出的启示。

第二章

高等学校全面预算绩效
管理相关研究综述

第一节　国外文献综述

Schick（1990）指出在一般意义上，GASB（2000）将绩效评估定义为定期收集和报告有关政府项目信息的效率、质量和有效性。因此，改革者认为绩效评估是改进政府决策的重要手段。基于此，世界范围内的预算和公共管理改革者将绩效评估作为关键工具来提高效率、效果和组织响应能力。

Haoran（1998）认为，需要从不同的水平对绩效进行衡量。他区分出投入、活动、效率、结果和有效性。

Perrin（1998）认为如果官员们知道绩效指标可以用来削减预算，他们可能会有动机提供美化或歪曲的信息，或者开始以对他们有利的方式定义绩效指标，但不一定反映绩效的改善。

Andrews（2004）认为绩效预算促进了公共部门的透明度，并有助于揭示纳税人的钱实际实现了什么。他指出试图将一个复杂的项目或社会干预，如儿童福利、经济发展或健康促进方面的举措，减少到少量的量化指标，可能会掩盖和误导，而不是告知真实情况。

Posner（1999）指出在公共部门，改革者认为绩效管理通过提高政府运作的透明度来加强问责制，以此来恢复公众对政府的信心。提倡实施预算绩效管理的倡导者认为政府的决策以及资源的分配将会得到改善，改革者们认为，如果有更多的规划和理性的思考，政府的决策将会得到改善，在联邦政府实施预算绩效管理将会显著改变并改善美国公共行政管理。

Jordan and Hackbart（2000）指出，20世纪初，纽约市市政研究局最早提出这一概念，指出通过可计量的指标对公共项目的成本和产出进行单位成本分析，可以提高项目的产出、提高效率，防止欺诈和腐败行为的发生。改革者们提出对政府的项目执行情况进行绩效预算管理，并指出预算中最重要的是要完成工作或服务以及减少他们所消耗的成本，这一观点确立了绩效预算最初基调，并成为此后多种变化形式的哲学基础。

Bohte and Meier（2000）认为当预算拨款的规模与绩效指标明确挂钩时，机构官员可能会被激励只专注于实现这些指标，而忽视其活动的其他方面。

Hatry et al（2001）将绩效定义为定期对服务或方案的结果和效率进行衡量，典型的绩效评估类型有输入、过程、输出和结果，此外，输出量与输入量的比率被标记为效率。

Pollitt（2001）认为在特定学校或大学内进行预算决策时使用绩效信息是可行的。不同的政策部门也可能有不同的信息需求。他还认为与处理无形服务（如协调）或监管（如金融监管或消费者保护）的机构相比，在提供有形服务（如道路建设、发放驾驶执照和护照）的机构中使用绩效信息可能更可行。

Halachmi（2002）指出主要目标是加强问责，官员们就会有动力不偏离既定的目标和计划，即使这种偏离可能符合公众利益。以问责为导向的绩效预算制度可能会阻止公职人员对不断变化的环境做出反应和战略性调整。如果衡量绩效的主要目标是增加责任感，官员们会有动机不偏离既定的目标和计划，即使这种偏离可能符合公众利益。

Ammons（2002）认为绩效预算可以通过向公共部门组织施压来让其取得更好成果。如果公职人员知道他们的预算规模取决于他们提供的成果，他们就会有动力在其活动中更加注重成果。

Andrews（2004）认为绩效预算促进了公共部门的透明度，并有助于揭示纳税人的钱实际实现了什么。

Halachmi（2002）研究认为强调问责制的绩效衡量系统实际上可能不利于取得更好的结果和改进的绩效。业绩指标与预算拨款之间的密切联系可能导致业绩指标主要用于问责的情况。这反过来可能会削弱绩效信息在组织学习中的作用。

Hatry（2002）指出在政府计划需要很长时间才能产生效果的情况下，因果联系尤其具有挑战性。如在教育、卫生保健、经济发展等方面。

　　Blöndal（2003）指出鉴于在制定和使用成果计量作为预算编制的信息输入方面所面临的挑战，公共组织可能会设置那些收集更容易、成本更低的指标。

　　Webber（2004）指出由于绩效目标可能会改变，使用基于绩效的预算格式会导致预算支出的细目每年都有很大不同，因此很难比较不同时期的支出。

　　Moynihan（2005）认为人们可能很难反对绩效预算，因为它在修辞上令人信服，而且"听起来真的很好"。

　　Lancer Julnes（2006）认为为了最大限度地提高他们的绩效指标，官员们可能会从事一些不受社会欢迎的活动。这种行为的一个臭名昭著的例子是英国的医院。在他们的资金依赖于非常具体的绩效指标（如更短的等待时间）后，医院开始在急救患者必须等待的院子里搭建帐篷，以实现缩短医院等待时间的目标。

　　Bevan and Hood（2006）认为目标和财政奖励可能会鼓励各机构及其官员进行"博弈"，结果可能会导致比没有绩效预算系统时更糟糕的结果。

　　Hood（2006）认为将资金与结果紧密联系起来可能会导致这些机构收集的绩效信息的质量下降。

　　Lancer Julnes（2006）认为绩效预算编制面临的一系列重要挑战是很难以有意义的方式衡量公共部门的绩效。在收集绩效信息时，公共部门组织可以关注产出、结果或两者兼而有之。收集有关结果的信息可以洞察到有价值的政府活动对社会的影响，然而，结果指标的变化可能会受到一系列超出政府组织控制范围的外部因素的影响。例如，除了警察部门的活动和表现外，犯罪率还受到许多因素的影响，如经济环境的突然恶化。因此，可能很难确定，不同的政府项目究竟产生了什么样的效果。

　　Mayne（2007）认为由于公共部门绩效目标的实现通常不完全依赖于机构的努力，在组织未能实现绩效目标后削减资金可能会造成不公平的感觉，并导致动力减弱。

　　Schick（2007）认为公共部门的性质和它必须解决的问题的复杂

性,更可取的做法是将绩效预算作为一种分析工具而不是决策规则。

Schick（2007）认为根据绩效信息来决定预算拨款的多少,由于归因问题而变得复杂。鉴于许多社会问题的复杂性,很难在资源和结果之间建立明确的因果联系。

Mackay（2011）指出预算格式更改,虽然预算包含非常笼统和抽象的成果目标和实现这些目标的预算拨款,但可能很难评估成果是否实际实现,以及资源使用是否恰当。例如,在澳大利亚采用基于成果的预算格式后,各部委提出了高度综合的成果目标(例如,整个国防部只有三个成果指标)。财政部部长对这样一个预算表示不满,并表达了以下担忧:"一些结果是如此广泛和笼统,以至于对于预算会计而言几乎毫无意义,这导致纳税人只能猜测他们数十亿美元的支出是如何使用的,结果和产出框架的目的是将财务报告的重点从投入到产出到结果,虽然这在理论上是值得的,但它并没有奏效。关于投入的基本信息在转换过程中丢失了,对结果的报告严重不足"。

Schick（2014）指出绩效预算起源于将预算从购买投入资源的方式转变为根据实际或估计结果来改变预算账户的结构和内容并进行分配资金而进行的一种运动。

第二节　国内文献综述

北京市财政局高等教育支出绩效评价课题组（2005）以9所北京市市属高校为研究对象,在2002年至2004年间,对"单位绩效评价"层次进行定量分析,对"项目绩效评价"层次进行定性分析。但是存在指标选择较少、指标权重采用相同权重而没有经过教育专家的确认,以及没有考虑各个高校的特殊性等问题。

许江波、李春龙（2011）结合我国高校实际,根据新绩效理论探索性地从绩效、组织和管理以及预算循环三个维度,提出了构建高校预算绩效模式,提出了预算研究的框架设想。

张晓红(2014)指出高校绩效预算管理的重点是考核高校资源使用的有效性和高校资源配置的合理性。必须全面、客观、准确地分析高校预算执行情况及执行效果,并根据之前制定的绩效目标,对各项预算执行部门执行预算的最终结果做出合理的评价。

刘成奎(2018)认为实施全面预算绩效管理深化了预算绩效管理的内涵,有利于推进我国国家治理的现代化,促进财政资金有效利用。

文宏(2018)认为全面实施绩效管理应实现政府层级和流程的全覆盖、管理对象和财政资金的全覆盖、政府管理目标和管理流程的全覆盖。全面预算绩效管理应满足"规范透明""标准科学""约束有力"三个基本要求。

文宏(2018)提出要以"制度化""模块化""便利化"和"信息化"为全面预算绩效管理的切入点,要以"有效管用、简便易行"的原则来开展工作。

马蔡琛(2018)认为,构建全口径意义上的现代预算绩效管理体系,突出四本预算的相互印证与综合评价,同时要兼顾它的特殊评价需求。

吴杰等(2018)以 C 大学为例,分析总结了全面预算管理的基本应用条件、成功应用的关键因素及优缺点,提出将平衡积分卡引入全面预算管理。

第三章

高等学校预算绩效管理制度沿革

第一节　公共预算管理的基本模式

一、分项预算(Line Item Budgeting)

1920 年到 1935 年分项预算模式占主导地位,在 20 世纪 50 年代以前美国等西方国家采用分项预算模式,分项预算是预算系统中最早的一种预算,该预算代表了预算的控制取向,它强调了对收支的控制,防止出现资金的滥用和管理的失控。它结构简单,易于理解,对开发时间的要求较低。分项预算的核心是按单个成本对象分配资金的过程,它允许决策者通过跟踪分配给各个项目的资金来控制预算。从形式上讲,它可以被定义为一种对于特定成本对象的支出进行分配货币的制度,没有任何涉及进行分配的资金将达到的目标及目的。这些项目通常包括个人服务、材料、合同支出、资本性支出、债务还本付息和其他项目。这些成本项目中的每一个都可以进一步细分为子项目。例如,个人服务可分为全职、兼职、退休福利、医疗保险和工伤补偿等。在操作上,分项预算是所有预算系统中最简单的,因为它使用最少的一组信息来制定每个行项目相关联的成本。

与任何系统一样,分项预算也有其优点和局限性。分项预算的最大优势在于它的简单性——结构简单,易于构建。该系统的另一个优势是按个别项目逐项列出预算,使政府能够通过跟踪在每个项目上花费的资金来控制其成本。此外,这些机构和部门可以利用积累支出数据进行趋势或历史分析。然而,一个很重要的缺点是该系统不提供任何关于分配的资金将用于什么目的的信息。

它没有告诉我们分配的资金将用于什么计划,使用资金将能为组织实现什么目标。具体计划、目标和目的的关注的缺失使得计划和评估组织绩效变得困难。由于除了成本对象之外没有其他信息可用,使得决策者在做出分配决策时没有太大的灵活性,由此出现了在分项预算的基础上建立增量预算的趋势。

二、项目预算（Programming Budgeting）

尽管分项仍然是预算的组成部分，与分项预算不同，在项目预算中，资金支出是按照特定的项目而不是特定的成本对象进行分类核算的。项目是单个功能单位，如公共安全、教育、卫生以及公共服务等。

分项排列预算和项目预算的不同之处在于，项目预算的重点是具体的项目和活动，而不是具体的项目或成本对象，这样就可以将分配决定与支出目标和目的联系起来。

项目预算有三个关键要素。

（1）确定各部门或机构的计划目标和目的。

（2）制定计划，以便在规定的时间内实现目标和目的。

（3）确定实现计划目标所需的资源。

由于重点放在项目的目标和目的上，因此要确定项目的结构以及确定预算分配的合理性。一般而言，这些信息必须包括在预算申请中，以供内部审查，特别是立法批准。

使用项目预算有几个好处。首先，关注计划目标和目的为预算分配提供了合理的依据。由于目标和目标必须反映政府计划实现的目标，它可以帮助政府规划其活动。其次，制定有明确目标和目的的预算可以让人们进行有效的评估，特别是对计划目标和目的已经实现的程度进行评估。更重要的是，它使人们能够识别与目标发生偏差的领域，并解释偏差的原因。最后，由于在项目预算中，分配是与计划目标和目的相联系的，而不是特定的形式项目，它避免了以分项预算为基础的递增方法。但与此同时，它有一个重要的弱点，因为它的重点是目标和目的，而不是绩效，没有提供太多分配的资金完成的工作数量或提供的服务信息，因此很难对提供服务的效率进行衡量。

三、计划项目预算（Planing, Programming Budgeting）

计划项目预算的主要特征是计划取向，其主要目标是将传统的年度预算准备转变为政府长远的政策目标。计划项目预算源自美国,20世纪60年代初,美国国防部引入了一种项目预算的变体,称为计划、项目预算系统(PPBS),这标志着其与传统预算实践的重大背离。

虽然计划、项目预算的目标基本上与项目预算相同,因为它根据一系列目标和目的将政府资源分配给各种项目和活动,但有一个主要的区别使其有别于项目预算。PPBS依赖于对计划目标和目的及其备选方案的系统分析,以证明预算分配的合理性。为此,为确定实现目标的优先事项和战略,它将各种规划和评估方法整合到预算过程中,如成本效益分析和系统方法。PPBS基于组成系统的三个基本要素:计划、项目和预算系统。计划使政府能够确立目标和目的,并确定实现这些目标和目的所依据的标准。它本质上是一种以输出为导向的功能,将目标和目的与目标实现联系起来,以防止项目之间可能发生的冲突(Solem Werner 1968)。一般来说,制定目标和目的的责任在于组织的高级管理层。

四、零基预算(Zero-Base Budgeting)

零基预算是20世纪七八十年代美国预算改革模式,该项改革的重心是依据公共项目的重要性确定预算分配的优先性。20世纪60年代初,零基预算的方法最开始在德克萨斯仪器公司使用,当时它是一种帮助更好地规划公司资源分配的方法。这项工作首先从研发活动开始,到20世纪60年代末,扩展到公司的所有活动中。皮特·菲尔(Peter Phyrr)是该公司的一名金融分析师,他参与了扩展该系统的工作。1970年,他在《哈佛商业评论》上发表了一篇描述该系统的文章。当时新当选的佐治亚州州长吉米·卡特读过这篇文章后,邀请菲尔调到佐治亚州,并帮助该州建立了零基预算制度。零基预算的出现改变了预算编制过程的逻辑。

在分项预算中,资金按主要的属类进行分配,例如(1)人员(2)营业费用(3)差旅费(4)资本支出。这种预算形式无法揭示这些资源与大型组织内的各种计划之间的关系。20世纪60年代初,罗伯特·麦克纳马拉(Robert McNamara)在国防部建立了一个项目预算系统(PPB),随后应用于所有联邦部门。项目预算将计划内的预算按照项目分组。多年来,项目预算本身在联邦政府中得到了发展,在公共和私营部门的应用中得到了改变,零基预算在分项预算的基础上引进了两项改进,即从零开始和决策方案。这些元素是否真的创新是一个有争议的问题,但它们构成了该方法的核心,并赋予了它独特的特点。

从零开始是零基预算的一个基本诉求,特别是在公共部门,它要求每个预算都是完全合理的。这与增量预算形成对比,增量预算以上一年的预算为给定基数,预算分析的重点是明年的增量应该有多大。考虑到物价的持续上涨,这通常包括通胀调整,以及要求的任何计划增量。对于正在想方设法减少支出或将支出重新分配到更有成效的模式的立法者来说,这种呈现方式并不是一个有用的工具。零基预算至少在原则上要求一个项目的整个预算是合理的,并解释了可供选择的可能性和每种可能性的后果。这种分析是通过将预算分组到每个计划内的一系列“决策包”中来完成的。

尽管零基预算很受欢迎,但它有几个重要的局限性。

第一,虽然“决策包”的使用给决策者在决定细节层次上提供了相当大的灵活性,但是会同时增加纸质工作的数量,这可能会限制不同机构之间的协调。

第二,对大多数机构来说,按照优先顺序对“决策包”进行排序对决策者而言并不是很好,尽管预计每个机构都会按照合理的方法和标准来对“决策包”进行排序,但是在政治、法律等其他方面的影响之下,管理人员更难整合决策方案。

第三,预算编制的准确性受相关数据标准准确性影响较大。

五、早期绩效预算和新绩效预算

早期绩效预算占主导地位是从罗斯福新政开始的,该种预算模式开始逐步取代分项预算主导的预算控制取向,将预算功能推向到管理促进和产出评价上。

绩效预算最早可以追溯到1912年塔夫脱委员会的报告,该报告呼吁政府对支出进行基于工作分类。1949年,胡佛委员会加强使用这一制度并建议联邦政府采用该制度,此后它成为各国政府使用最广泛的预算制度之一。顾名思义,绩效预算的目标不是根据成本对象或项目而是根据各种方案和活动的服务水平进行资金分配的。服务水平由绩效指标进行衡量,分项目预算的中心焦点是如何将每一美元花在特定的成本或项目上,而绩效预算的中心焦点是每一美元如何实现与期望和计划目标相一致的服务级别,简而言之,它以可衡量的方式告诉公众他们的钱将获得什么。

美国政府于1993颁布了《政府绩效与结果法案》,标志着新绩效预算冲到了预算改革的前沿,该预算模式将预算管理的进程由投入和产出转向效率和成果的定位。该法案的实施为美国联邦政府绩效管理奠定了坚实的基础,在美国绩效管理运动中具有里程碑式的意义。

该法案要求联邦机构就他们的任务使命、长期目标和战略与美国国会进行磋商,法律还要求各机构起草战略计划,衡量和编制年度业绩报告。《政府绩效与结果法案》颁布加强了绩效评估的实施力度。本法案鼓励联邦政府使用绩效评估以改善公共受托责任、服务提供和国会决策。法案要求明确项目的目标、标准和规范。该法案要求业绩报告能够提出整个法律实施中的主要和关键问题。

绩效预算的核心是绩效衡量,也称为绩效指标。它是衡量项目或活动的能力、过程或结果的定量表达式。定量表达式是可以使用通常出现的数值来测量的描述,在预算中决策者可以利用这类信息进行决策。从概念上讲,绩效衡量在项目目标、预算分配和项目结果之间建立了因果关系。通过将资源分配与绩效挂钩,绩效预算以可衡量的方式明确了政府提供的服务将达到的水平以及提供服务所需的资源。由于绩效衡量标准对于制定绩效预算至关重要,因此,按照一定的指导方针来构建绩效衡量标准是很重要的。至少必须解决以下问题:这些措施必须表明朝着项目的目标需要取得的进展,必须基于一个共同的框架,用于收集用于测量和报告的数据,能够以简单、易懂的操作术语来描述复杂的情况,构建方式必须能够审查政府的目标、目的和政策、必须专注于对一个组织的成功至关重要的关键战略领域,发展方式必须能够向组织提供反馈,特别是关键决策者以及直接负责提供服务的人。如前所述,理想情况下,绩效衡量标准的建立应该基于项目目标及其绩效之间建立明确联系,该系统的特殊形式更加易于理解和可测量。

绩效预算的优势在于,绩效预算是新公共管理运动纳入公共部门改革的结果,绩效预算比分项目或项目预算有明显的优势。

首先,最大优势是能够在组织中创造了一种绩效文化,提高员工和机构利用资源来实现其目标和目的方面的责任,通过计划目标和资源使用之间建立联系促进组织总体目标的实现。如果仔细观察可以指导能力建设,从而更好地治理,作为一个系统,它将政策制定、规划和预算结合到项目实施中,进行评估和反馈,并再回到政策制定上。

其次,如果使用绩效预算,在预算周期开始,公职人员设置绩效目标,并在财政年度结束后报告实际业绩和实现业绩目标的程度,这样做有望提高人们对不同政府项目实际成本和收益的认识。增量预算法即为所有组织的预算逐年递增的预算方法,由于无法了解所获资助的项目是否实际有效,是否值得继续拨款,因此该类预算方式常常受到批评。这类基于投入的预算编制(特别是在项目非常详细的情况下)可能会导致资源浪费,因为即使不同活动的优先次序或资金需求发生了变化,公职人员也会将资金花在预期的项目上而如果是以结果或产出为基础的预算,则可以增加预算资源使用的灵活性,本组织的管理人员可以在预算周期开始时制定支出业绩目标以期获得最好的结果。绩效信息使公职人员能够更明智地决定不同活动的资金水平,并根据政府优先事项和社会需求的变化调整资源分配。

虽然绩效预算有以上诸多优势,包括它可以提高透明度,展示公共资源所取得的成就,鼓励官员在工作中更加注重结果,并提高配置效率。然而,绩效预算在实施中还面临着诸多的困难和挑战,包括衡量有效性远比衡量效率困难得多,特别是结果很难用可衡量的术语来表达,而且受到社会、政治和其他因素的影响。

绩效预算至少面临三组挑战。

（1）公共部门绩效难以衡量。

过度关注产出措施可能会分散公共管理者对其组织的实际使命的注意力。如果公职人员知道他们的绩效是根据狭义的产出指标来评估的，他们可能会有动力把大部分精力投入到最大化这些指标上，而牺牲了其他具有重要公共价值但不容易衡量的活动。这个系统最大的弱点是它关注的是数量，而不是所完成的工作的质量。虽然结果度量试图在一定程度上解决质量问题，但通常不清楚如何使用这些度量来确定项目的有效性。不幸的是，衡量有效性要比衡量效率困难得多，特别是当结果很难用语言表达的时候。

（2）绩效信息难以用于预算决策。

利用绩效信息进行预算决策可能非常具有挑战性，因为很难确定结果或产出措施的变化对资金水平有何影响（Caiden 1998；Schick，2007）。如果一个组织未能实现绩效目标，这是否意味着它的预算应该减少或增加？这两种观点可能都有很好的论据。

一方面，绩效衡量可能因资金不足而恶化，因此，在未来额外的资金可能有助于实现这一目标。另一方面，有人可能会争辩说，应该把资金从效率低下的组织中拿走，分配给效率更高的组织。事实上，在这种情况下，仅有业绩指标可能不足以提供足够的指导。政府的几个目标往往是"永恒的"（例如，减轻贫困、减少犯罪、促进经济发展），即使各机构未能实现其规定的目标，考虑到政府需要解决这些问题，减少其拨款也是一种不切实际的制裁（Caiden，1998）。例如，如果增加学校午餐的资金，可能很难评估增加的资金对学龄儿童健康指标的影响有多大，因为还有许多其他因素可以在其中发挥作用。

预算编制通常是一个受时间限制的过程，参与者必须考虑大量信息，收集、分析和解释绩效信息既耗时又昂贵，因此，在紧迫的时间压力下，面对有限的分析能力，官员们可能无法将业绩信息纳入其预算决策。

　　许多实证研究发现在有绩效信息的预算系统中绩效信息通常不用于预算决策,在预算决策中不使用绩效信息的情况在立法机构尤其明显,而在某种程度上,它被用在两国之间的谈判中,绩效预算可以让决策者做出更"理性"的削减决定,例如,保留表现良好的项目,削减效率较低的项目,然而,在现实中,削减开支的决定是由绩效以外的其他因素驱动,例如,什么是法律上可行的,什么是政治上可行的,什么是不太可能引起强烈的反对或社会动荡的。

　　现有研究的另一个重要发现是,在预算过程中,不同类型的公共部门决策者在涉及绩效信息时有不同的信息需求。例如,政界人士发现,与处理公共部门复杂和不确定的更深入、更丰富的信息相比,关注简要指标的正式业绩报告用处更小。一般而言,一个人越接近实际的公共服务提供,在资源分配决策中的绩效信息就可能变得越有用。例如,内阁可能很难根据绩效信息来决定教育是否应该比卫生保健获得更多的资金。同样,教育部长会发现,利用绩效信息来决定如何在高等教育、中学和小学教育之间分配资源是一件具有挑战性的事情。

　　(3)预算本身就是一个政治过程。

　　由于预算本质上是一种政治行为。在这一过程中,决策者在分配资源时可能会受到许多其他因素的推动——除了业绩信息之外,甚至是以牺牲业绩信息为代价的——连任的愿望、意识形态的考虑、选举的承诺、象征性的争论、社会价值观和需要确保透明度和控制,因此,即使业绩信息向民选官员发出了一个强烈的信号,表明他们应该减少或增加对机构的资助,但出于上述考虑,他们可能不愿这样做。

　　此外,在许多国家,预算的很大一部分由法律规定的支出构成(例如,社会保障金、家庭福利等)。在这类支出的情况下,如果不改变现行法律,就不可能根据绩效信息减少或增加资金。

　　绩效预算的核心理念之一是让管理人员对结果负责,而不是对投入负责。考虑到在一个组织的活动和社会结果之间建立因果关系的挑战,要让官员对他们不能完全控制的结果负责可能是困难的。当绩效信息主要用于问责时,会问到的主要问题是:目标实现了吗? 谁对此负责? 没有达到设定的目标会受到什么处罚? 当绩效信息主要用于改进结果时,系统的重点是发现、从经验中学习、创新和改变。

拨款与取得的成果直接挂钩时,公共组织可能会开始玩弄制度,这可能会导致不正当的结果。 只是将绩效信息添加到预算文件,绩效预算导致的潜在问题往往相对较小,然而,当实施更多形式的改革想法时,这些问题可能会变得更加严重,特别是当拨款直接取决于组织是否实现了绩效目标时,如果将绩效预算作为一种分析工具,可以丰富提供资金的信息基础。如果作为决策规则使用(就像基于绩效的预算格式一样),绩效预算可能会变得过于约束,并导致不想要的结果。预算流程的改革者还应该记住,预算本质上是政治性的。因此,试图完全将其置于技术官僚的理性视野之下,很可能是不会成功的。

第二节　当前受到关注的几种预算模式

本节重点介绍预算系统。预算模式近年来受到相当大的关注,包括战略预算、可持续性预算、参与式预算、公式预算、目标管理型预算等。

一、战略预算(Strategic Budget)

虽然战略预算不是一个全新的概念,但在漫长的预算改革历史上,战略预算被认为是一个重要的发展,可以追溯到分项预算。战略预算是建立在组织地位、优势和劣势基础上的前瞻性系统。

传统的预算系统通过关注内部活动来对组织进行内部审视,而战略预算则采用广泛、开放的方法,审视组织的内外部活动。这通过扩大组织的管理视角,为传统的预算流程增加了一个新的维度,是管理职能来应对内外界变化因素的有效方法。然而,与任何其他预算系统一样,它的目标是更好地分配资源,以满足社会的竞争需求。战略预算植根于战略规划。战略规划是基于当前决策处理来应对未来的发展问题。它首先定义一个组织要实现的使命及目标,为完成使命和目标而制定的战略、政策以及具体的行动方针。战略的制定是在一个不断变化的环境中进行的,具有持续性。绩效预算是以反馈为导向,因为不断变化的环境需要不断更新在过程的每个阶段产生的信息。最重要的是,它是一个以行动为导向的系统,试图弥合过程设计与现实之间的差距,换句话说,它试图弥合理论和实践之间的鸿沟。

作为一种预算系统,战略预算并不复杂,而且可以很容易地进行调整,以适应组织的结构、需求和环境。这种明显的灵活性的特点使它能够更好地预算项目结构。

类似于零基预算,战略预算明确地将其定位于组织的哲学、使命、愿景、价值观、目标、目的、战略和行动中。组织哲学是组织的全局观,是组织必须努力实现的目标。它包括关于作为组织指导原则的一系列信念和偏好的声明。使命是在一个组织的哲学与其愿景和核心价值观之间建立联系的焦点。愿景提供了组织实现其使命所采取的行动方向,而价值观则解释了维护这些价值观的行为。它们共同代表了为机构的存在提供理论基础的核心价值和原则。如前所述,目标是机构必须将其所有努力引向的一般目的。另一方面,目标是一个机构在给定的时间框架内计划实现的量化陈述。战略是组织结构的核心要素,是机构为实现其目标、目的和行动结果而采用的方法或途径。最后,行动将战略转化为一系列任务。

二、可持续性预算

可持续性预算本身虽然不是传统意义上的预算管理系统,但可持续性预算结合了不同系统的要素,与以目标为基础的优先驱动型预算的传统相同,为预算制定提供了一种务实的方法,然而,与传统的预算系统不同的是,可持续性预算侧重于预算的具体要素,如资金控制(分项预算编制)、目标实现(计划预算编制)、资源使用效率(绩效预算编制)、约束下的预算分配(零基预算编制)等等,可持续预算采用综合方法来实现可持续的长期计划变化,通常超过 30 年或更长时间。

可持续性预算最初是为资本结构脆弱、债务上升、公共部门不断扩大、易受周期性干扰影响的发展中和新兴市场经济体制定的,鉴于其中许多经济体近年来面临的金融问题,对可持续性的关注已扩大到发达经济体。

在预算目标方面,可持续性预算的目标基本上与任何其他预算系统相同。Allen Schick（2005）提出了四个主要标准,它们应该是可持续发展预算的核心,尽管它们可能有重叠。

（1）偿债能力。政府支付财政义务的能力。

（2）增长性。政府满足其人口日益增长的需求的能力。

（3）稳定性。政府在不增加税收负担的情况下履行未来义务的能力。

（4）公平性。政府在不将成本转嫁给子孙后代的情况下支付当前债务的能力。

目前还没有具体的方法来分析可持续性,但传统的方法,如基线预测（基于当前趋势将在未来继续的情况下的预测）,资产负债表分析（资产、负债和基金余额或权益分析）,财政缺口分析（对一个政府的总支出和债务超过其可用资源的分析）,世代会计（政府现行政策如何影响子孙后代）,以及其他类似的衡量标准也可以用来评估一个政府的长期经济和财政可行性。然而,真正的问题是如何将可持续性纳入预算过程。基于独特的财务状况、需求和挑战,不同的政府制定了不同的措施来应对。

例如,2010 年华盛顿州为实施预算可持续性制定了 9 个步骤。

（1）管理补偿金额,提高效率。

（2）提高预算透明度。

（3）恢复严格的开支限额。

（4）实施完善的养老金改革。

（5）扩大使用国家效率和结构调整账户。

（6）检查可能出售的不动产资产清单。

（7）运用储备基金,防范未来经济不景气。

（8）更好地管理偿债能力。

（9）优先预算与绩效考核相结合。

该州政府所采取的步骤是其所独有的，而且绝不是决定性的，因为这些步骤必须不断更新，以确保项目的成功。其他州和地方政府也制定了措施，最大限度地满足他们眼前的财政需求，同时确保长期的经济活力。

三、参与式预算（Participatory Budget）

参与式预算是一种较新的预算制度，其根源于直接民主。鼓励公民参与预算进程每一个阶段，从预算制定到预算执行，再到预算评估，治理中加强问责制。

工人党于 1989 年在巴西最南端州的首府阿雷格里港正式引入了这一制度，该党在 1988 年赢得了市长选举，其任务是扭转历史上倾向于将公共资金用于富裕社区的预算政治，最终导致政府破产的情况。

新政府采取"支出优先顺序的倒置"的措施扭转了预算支出趋势，将更多资金投放在更贫穷的市民和社区上。到 1990 年，巴西有 12 个城市采用了这一系统，到 2004 年，它扩展到全世界 300 多个城市，从那时起，在地方一级与该系统开展合作进行了尝试，其中包括美国的纽约市和芝加哥市等，加拿大的多伦多市以及中欧、东欧、亚洲、中东和非洲国家的城市。

在操作层面上参与式预算没有硬性程序，每个社区可以定制自己的模式，但是要体现出公民参与整个预算过程的重要性。尽管它们有着悠久的历史和作为管理工具的用处，但仍有以下几种对预算制度的认识误区。

（1）预算制度是政府的灵丹妙药。

（2）分配决策往往基于这些系统。

（3）它们是效率和效力的工具。

四、公式预算(Formula Budgeting)

公式预算通过使用或设计一个或多个基于成本、工作量或绩效因素的数学模型来对某个机构进行预算。通过该方法计算的预算通常包含针对公式覆盖的每个区域的资金分配,例如指令或库,以及公式中未包括的函数,当公式预算请求超过可用收入时,通常通过将每个公式产生的金额减少一定百分比来进行调整。

五、目标管理

目标管理(MBO)是尼克松政府时期的一种预算制度,受到欢迎的程度有限。它最初由彼得·德鲁克于1954年开发,与其说它是制定正式预算的工具,不如说它更像是一个计划和绩效监控系统。

由于该体系的重点是按目标管理组织,因此MBO过程的目标必须至少满足三个标准:第一,它们必须是具体的,提供明确的活动说明;第二,它们必须是可衡量的,以便对目标进行正式评估和分析;第三,它们必须是可实现的,以便实现成功(Lynch,1995)。

MBO背后的指导原则是,一旦目标确定,它将帮助员工更好地理解他们的角色和管理层对他们职责的期望。更重要的是,这将使他们能够在自己的活动与组织的更大目标和目的之间建立联系。这将成为一种重要的激励员工的力量,要知道他们的活动将对组织的成功产生重要影响。为了确保能够在规定的时间框架内实现目标,这一过程需要定期审查结果,并对目标进行修订,以应对意外情况。评审对整个流程至关重要,因为它促进了管理层和员工之间的互动,有助于在组织内部保持良好的工作关系。当问题出现时,它也让参与者有机会解决问题。然而,该系统的一个主要弱点是,由于过于强调目标及其实现,组织可能倾向于只选择那些相对容易实现的目标,而忽略那些具有挑战性的目标。

第三节　三种主要预算系统的变体或延伸

一些预算系统有时已经在不同级别上使用,这些系统大多是主要预算系统的变体或延伸。本书主要介绍以下三种预算模式:预算系统成果导向预算(Outcome–Based Budget)、目标基础预算(Target–Based Budget)以及优先驱动预算(Priority–Based Budget)。

一、成果导向预算(Outcome–Based Budget, OBB)

成果导向预算(OBB)是绩效预算系统的延伸,主要关注预算决策对公众和整个社会的影响。如前所述,结果是预算决策的预期和非预期后果。由于很难预测预算决策的意外后果,因此基于结果的预算的重点主要取决于预期的后果。比如说,如果一个公共安全部门的目标是到明年把交通违法行为降低一定的百分比,输出将是被引用的数量,结果将是目标日期内违规行为的实际减少量。在基于结果的预算中,计划执行在多大程度上产生预期的结果。

二、目标基础预算(TBB)

以目标基础预算(TBB)作为一种制度,是应对许多州和地方政府经历的财政困难而发展起来的,特别是地方政府在 20 世纪 70 年代遭遇的困境。

因此,该系统对预算制定采取了务实的方法,试图找到最有效的方式来满足组织的支出需求。在预算署署长带领下,这一过程开始时,行政长官在其他负责人的协助下制定了各机构和部门的支出目标。目标的设定是基于历史支出情况、战略优先顺序以及反映组织的其他关键需求。一旦设定了目标,除非在极端情况下,如他们无法预见控制的灾难或事件,运营机构几乎没有任何灵活性来偏离目标,大多数政府都有应急措施来应对这类情况,以确保政府的正常运作不受干扰。

三、优先驱动预算(PDB)

我们讨论的预算系统,除了分项目预算外,本质上都是非增量预算。一方面,在经济总体状况良好、收入增长可预测、预算不太可能出现缺口的情况下,增量预算效果很好。另一方面,当经济出现低迷、收入增长低于预期水平、政府面临预算缺口的情况下,增量预算并不能提供现实的解决方案。解决这个问题的一种方法是将所有项目的预算全面削减固定的百分比。虽然这个决定看起来对保持一致性是合理的,但它并没有提供一个合理的替代方案,因为项目的规模、范围或目标不同。

优先驱动预算(PDB)结合了 ZBB 和战略预算的要素,被认为是增量预算的有效替代方案,因为它可以帮助政府避免任意削减预算等决策可能导致政府提供服务效率低下的情况出现。优先级驱动预算系统的使用使政府能够确定重要的战略优先事项,根据它们与优先事项的一致性程度对各种方案和活动进行排名,并根据排名分配资源。

第四节　预算改革实践中预算功能取向的比较分析

20 世纪早期出现的分项预算关注预算的执行阶段,预算的信息目标为目标控制,预算功能取向为控制。20 世纪 50 年出现的早期绩效预算关注预算的准备环节,预算的信息目标为行为产出,预算功能去向为管理。20 世纪 60 年出现的计划项目预算关注预算准备的前期环节,预算的信息目标为远期目的,预算功能去向为计划。20 世纪 70 年出现的零基预算,关注预算准备环节,预算的信息目标为优劣排序,预算功能去向为优先性。20 世纪 90 年代出现的新绩效预算,关注预算准备和决算环节,预算的信息目标为行为成果,预算功能取向为责任性。

这五种预算功能取向的时序性和相对性,体现了在不同的发展时期的预算思想,同时在实践中有着不同程度的共存。

对这些预算制度的最大误解认为这些制度是政府面临的所有预算问题和挑战的答案,但是事实上却不是,虽然预算制度可以通过提供正式的结构来改善预算管理实践,但它不能纠正由经济、社会和政治现实引起的预算问题。以零基预算为例,其被誉为解决所有预算挑战的良方,但是当卡特总统试图将其应用于联邦预算时,事实上它未能削减非可自由支配的支出。这不是体制的错误或无能,而是国会预先设定支出水平的方式,如果没有新的立法,此类支出水平是不能改变的。关于分配决策,如前所述,尽管决策者经常查看系统生成的信息,没有确凿证据表明他们完全依赖分配决策系统。政党政治、预算约束和自我最大化的利益(如连任的利益)往往会影响分配决策的制定。最后,这些系统本身并不是效率和有效性的工具,但如果设计得当,它们可以产生可用于衡量效率和有效性的信息。

本章概述了政府中使用的预算系统,从分项目预算,计划项目预算,绩效预算,再到零基预算,等等。从我们对预算系统的讨论中,有几件事变得显而易见。

第一,这些系统有一个独特的特点,那就是它们是灵活的,可以根据政府的需要进行修改。在现实中,没有一个封闭式的系统可以适用于所有的政府。任何模型都不能不经过调整就直接从理论应用到实践,预算制度也不例外。

第二,原有预算系统并没有完全消失,它们正在逐渐适应新的系统。

第三,没有一个系统能够满足每个政府的所有预算需求。没有一个"包罗万象"的系统可以应对每一种情况。

第四,选择一个"新而令人兴奋"的制度,并不能保证财政预算成功,只有仔细而透彻地评估它所适用的情况,才会增加它成功的可能性。

按照这些思路,预算系统未来的发展趋势将是:

第一,这些系统及其适应性将不断扩大。

第二,注重效率和效益仍将是政府预算做法不可或缺的一部分。一种允许同时处理两种措施的系统将具有更大的实证吸引力,这可能在一定程度上解释了为什么绩效预算多年来受到如此多的关注。

第三,要使一个系统发挥作用,就需要恰当地执行,如果执行不当,即使是最好的系统也不能产生"最佳结果"。这意味着必须进行修改和持续更新,以适应它们所适用的环境,而不是反过来。

第四章

国外绩效预算发展及高等学校
预算绩效发展沿革分析

美国是最早实施绩效预算的国家,过去的几十年里,绩效管理经历了数次改革,在每个国家制度背景的影响下呈现出不同的特点。改革进行的制度背景对改革的设计的预期目标和结果产生影响。在更广泛的公共部门改革浪潮中,预算制度代表着一个特定的干预领域。

20 世纪 90 年代,预算改革试图控制公共支出的增长,并改善公共部门的绩效;21 世纪前 10 年,预算改革试图控制公共支出的增长,改善公共部门的绩效。随着绩效体系的加强,这些做法得到了进一步发展。

绩效预算的改革与一个国家的政治体制和经济发展阶段有很大的关联,由于我国在财权与事权、权利问责和绩效理念等方面与其他国家有着不同之处,我国推行全面预算绩效管理符合我国的具体国情,对他国的绩效预算经验进行有选择的借鉴。

第一节 美国预算绩效发展沿革

一、美国预算体系沿革过程

美国的预算概念框架可以由州政府、多机构系统办公室或个别机构规定。通常,各州采用一种预算概念框架,而其机构内部采用其他预算概念。例如,当一个州采用公式预算时,这些机构通常使用增量预算或分项预算来分配资金。

表 4-1 美国绩效预算概念的提出及发展

时间	内容
20 世纪初	纽约市市政研究局最早提出这一概念,指出通过可计量的指标对公共项目的成本和产出进行单位成本分析,可以提高项目的产出、提高效率方式,减少欺诈和腐败行为的发生。
20 世纪 50 年代开始	二战后的美国政府面临高额债务,为满足人们对政府服务的期待,以及更有效率地实施各项改革,在胡佛委员会的建议下,美国开始实施预算绩效管理改革。

时间	内容
20世纪60年代	约翰逊总统执政时期,"计划项目预算系统"(PPBS)在国防部项目预算编制中首次投入使用,1965年,总统直接指示在其他部门开始推行实施绩效预算,更明确地指出将绩效评估引入预算过程。尽管美国20世纪50年代和60年代的预算绩效管理改革的结果并不令人满意,但在思想领域产生了深远的影响,并奠定了20世纪后期的改革基础。
20世纪70年代	尼克松总统推行目标管理,并追求其战略规划体系;卡特总统时期预算改革使用的是零基预算。
20世纪80年代	里根和布什政府实施的预算改革以及绩效管理经历了一个相对平稳期。在20世纪80年代的马里兰州,两个州机构在分析机构预算时使用了不同的预算概念。这种情况既增加了预算过程的复杂性,也限制了预算作为执行政府政策的手段的效用。超过一半的州主要采用增量预算和分项预算。各机构要求为特定目的或支出用途增加预算。通常,大部分注意力集中在这些增加上,而不是总预算的构成上。其余的大多数采用公式预算。德克萨斯州使用了14个不同的公式来计算各种机构职能的资金水平。公式预算审核过程通常侧重于这些公式的技术组成和支持数据的准确性。 如果公式申请所需资金超过各州准备拨付的数额,它们通常会提供一定比例的公式申请。各机构在内部分配拨款时一般不需要遵循公式分配。
20世纪90年代	克林顿政府重新关注绩效预算,在重塑政府运动中,以较低成本来更好地满足人们的需求而进行精简政府,在这场改革中衡量政府做了什么和没做什么变得尤为重要,并提出了"结果导向型政府的概念"。绩效预算改革在上述时期取得了一定成效,绩效预算的意识得到了一定程度的提高,但是绩效预算改革的文件是以总的行政命令的形式发布的,缺乏可持续性和推广性以及法律约束力。20世纪90年代,在预算公开的背景下绩效预算和绩效管理受到了全国的关注,政府再造运动的影响使得联邦政府对绩效测评和管理得到前所未有的重视,定义预算绩效容易但实施起来更难,尽管艰难,美国超过一半的州接受了挑战,1998年至2001年,18个立法机关进行了绩效改革,并在整个预算中强调对结果负责,在预算中采用问责制的趋势越来越明显,并于20世纪90年代后期通过立法形式确立目前使用的预算绩效管理,其后许多州一直在尝试将"绩效预算"的概念纳入其递增预算和公式预算过程中。其中,21个州在做出预算决策时以各种方式使用绩效指标。13个州直接将其一小部分拨款与绩效指标挂钩。南卡罗来纳州要求在1999—2000年前将其100%的预算与绩效指标挂钩。基本建设项目预算,例如新建筑、重大翻修和景观美化项目的预算是通过独立于用于获取运营资金的预算流程获得的。各机构为资本项目制定多年计划,然后寻求必要的资金。一些州的公共机构和私人机构通常从国家债券销售收益中寻求国家资金用于建设项目。
21世纪	奥巴马政府将绩效预算改革的重点放在了构建联邦绩效管理新框架上,在前有改革的基础上,将新的改革焦点放置在如何利用绩效信息上。2011年联邦政府预算报告以《构建高绩效政府》为题,制定了三大"互相强化型"绩效管理战略,就利用和沟通绩效信息以及问题解决机制方面展开。

二、美国为实施绩效预算所采取的措施

绩效预算要素已经存在了几十年,几十年来,几乎美国所有州都在使用这一方法中的某些方面,克服了前期改革的不足,克服了党派和政府更替带来的影响,使改革具有了连贯性,尽管如此,该法仍有很多不足之处。例如,为进行战略规划和评估而制定绩效指标,然而,绩效评估概念及可操作性给决策者带来了难题,主要问题是,绩效管理需要将预算项目的产出和结果的模糊概念转化为指标,使纵向和比较分析成为可能,绩效评估中一项突出的问题是绩效指标的定量性分析,有人认为量化绩效考核是导致连续理性改革不成功的主要原因之一;以结果为导向的目标设置不足、没有充分利用业绩信息做决策并最终妨碍其进展(Shea,2008)。

一是绩效改进计划。

1993年美国颁布了《政府绩效与成果法》(GPRA),鉴于《政府绩效和成果法》(GPRA)未能有效实施,政府随后推出了"绩效改进计划"(PII),该计划旨在保证使用联邦纳税人的钱能够产生最佳结果,并克服《政府绩效和成果法》执行缺陷。根据总统议程,联邦机构与管理和预算办公室(OMB)合作,确定哪些项目运作正常,哪些项目运行结果失败,如果有必要,将选择哪些项目将其部分资金转移到其他项目,并起草提高这些项目的绩效建议。总统和国会最终做出与预算重新分配有关的最终决定。

"绩效改进计划"(PII)的成功实施可以用以下两个方面来衡量,首先,提高项目绩效包括发现项目管理和正在实施项目设计中的缺陷,并与管理和预算办公室(OMB)合作制定和实施改进计划;其次,加大对成功项目的投资,这包括将稀缺资源重新分配给高绩效项目,也包括绩效差但提供关键服务需要改进的项目。尽管如此,美国国会和总统在决定资助项目时并没有考虑到项目本身的绩效,他们可以决定将绩效视为一个关键因素,并投资于回报最高、取得可衡量成果的项目(Shea,2008)。

二是《项目绩效评级工具PART》对联邦项目的绩效评估和分级。

美国政府使用"项目绩效评级工具"的一部分对已有评估项目进行评估,并保证每年它们都是有效的和不断改进,并指出"项目评估评级工具"对每个项目的目的、设计、计划、管理、结果和问责制进行评价,这是通过项目评估评级工具中第四部分的问卷调查来实现的,根据项目类别,每一部分设置25个问题。

第一组问题关注该项目的设计和目的,第二组问题询问关于项目的战略规划和计划的年度和长期目标,第三组将从财务和改进角度评估机构项目管理情况,最后一组问题会问到项目结果的准确性和一致性(Shea,2008)。每个部分的结果得分从0到100,不可接受绩效指标或未收集绩效数据的项目,会被评为"未显示结果"或"无效",在某些情况下,这意味着需要更进一步的资助,另一方面,被评为"有效"的项目,由于未被列为优先事项而削减资金,或已经完成他们的使命,或者这只能意味着他们运作正常,不需要大幅度的改变(Shea,2008)。评估评级工具评估的结果不仅被用来进行分配项目资金决策,还成为总统和国会用于决策的众多数据之一。到2007年,行政部门使用评估评级工具对1004个项目进行评估,大约占联邦预算总项目个数的96%,所得结果显示项目的绩效和透明度得到了提高,大多数项目的绩效水平都提高到有效、适度有效、充分有效。

Shea(2008)认为项目的绩效和透明度的改善是由于成功设置一致和明确的标准,以及机构项目承诺为达到这些标准而采取一切必要措施。绩效改进计划使各个机构注重结果,以使用联邦资金获得更好的成效,尽管如此,鉴于一些项目有限影响或规模较大,项目评分评估工具不能够做好评估,这样就需要其他合适的替代方法,第二类绩效评估工具"对成功项目进行更多的投资"尚未获得令人满意的结果。

第二节　意大利绩效预算发展沿革

一、意大利绩效预算改革的发展与背景

新公共管理方法将私营部门的业务原则、工具和体系引入公共部门，从而提高公共行政的效率、效力和整体绩效水平。就国家防范机制改革方面而言，欧洲大陆经常被认为是一个"后来者"，具体地说，意大利在采纳和实施国家绩效管理改革方面普遍落后。

几十年来，意大利共和国公共领域改革在中央政府下设大区、省、市三级公共行政部门展开，国家一级行政管理在经济、金融和社会危机的背景下受到越来越多的关注。自 20 世纪 80 年代末以来，意大利政府一直饱受财政和预算压力、政治丑闻的困扰，公众认为意大利政府公共管理领域存在效率和效能低下的问题，产生政府信任危机。因此，意大利中央政府走上了一条进行重大改革的道路。这些改革涉及的范围很广，从中央政府的结构调整及机构改革到改善公民和公共行政关系的举措，也包括绩效、透明度以及政府性倡议等方面。为了应对日益增长的经济和财政压力，采用了一些具体的干预措施，同时引入了以绩效为导向的工具来增强公共管理效率和效能，此外根据新公共管理（NPM）的精神，"绩效"这个时髦词汇越来越多地影响到许多公共部门的日常事项（Pollitt and Bouckaert，2011）。

在意大利，管理改革引入公共部门著名的官僚主义和立法传统相一致的立法中。因此，自相矛盾的是，这项立法强化了现有的行政及已有的传统。因此，随着时间的推移，公共部门盛行的法律和官僚主义模式影响了国家绩效管理激励的变革的采用、实施及实现程度，其中包括基于绩效的预算编制。

二、意大利中央政府机构(部委)基于绩效的预算编制改革解释和实施

意大利通过一系列立法改革来推进绩效管理,使之成为 2009 年改革的主题,2009 年该国颁布实施了第 15 号法律要求在中央政府内部正式实行绩效管理制度,意大利各部委将在个体和组织两个层面衡量和管理其绩效,并通过衡量业绩和绩效指标来提高公共服务水平以及公共行政部门的整体绩效水平。这项改革要求中央机构采用一个综合全面的绩效体系来控制绩效,将绩效周期与预算周期结合,并通过该体系来提高整体绩效水平。具体而言,立法明确规定了在适当的"绩效周期"的每一步骤中应采取的行动。

一、明确和分配目标,为每个目标设定相应的指标;

二、将目标与资源分配挂钩;

三、监督年度目标的执行情况,采取必要的纠正措施;

四、衡量和评估个体和组织绩效;

五、对绩效评价结果好的给予奖励;

六、将结果报告给内外部的利益相关者。

以上通过绩效目标的设定到将结果报告给内外部的利益相关者,形成了有效的闭合,这项立法似乎是以教科书模式为基础的,理论上是合理的,但在实践中具有挑战性。事实上,这种方法有赖于公共机构在健全的指标和目标的支持下,确定有意义和具有可衡量性的能力。业绩周期必须根据预算规划周期制定,目标与预算立法颁布后的资源分配挂钩。这意味着,该系统必须建立在政治决策、方案和首要事件同中央行政机构设定的目标的指令链接上。预算编制和战略规划之间的相互联系进一步体现在更广泛的绩效管理周期中。这个周期的初步实施很快揭示了将其理论和规范期望转化为实践的各种挑战,例如,各种周期之间的时间协调有问题,在开发实施所需的复杂技术和概念基础设施方面存在困难。

意大利中央公共行政部门绩效预算是在其面临通过改进预算和业绩系统的绩效压力背景下采用的,世界经济论坛 2009 年发布的一份官方报告的分析题为"绩效预算、公共支出和体制背景：意大利的经验分析"，表明意大利高度重视修订公共支出程序和机制的必要性，并根据国际经验加强绩效评估的实践。该国采取了一系列措施通过立法的形式推行各项改革。具体地说，为了实现预算编制概念化、设计以及发展来实施一系列改革，这一系列的变化在加强绩效系统的同时贯穿预算过程和结构中，就像我们试图整合财务、战略和运营规划系统，意大利的绩效预算编制应源自不同系统之间的协调。

第三节 俄罗斯绩效预算发展沿革

一、俄罗斯绩效预算改革背景和动因

俄罗斯从 21 世纪初普京政府开始实施财税与预算改革，俄罗斯政府为绩效预算的实施创造了必要的前提条件。包括在预算规划过程中积累的有关绩效指标的数据，建议加强预算和计划之间的联系以及引入大量的绩效预算编制工具，多国的经验证明，使用绩效预算工具并不能保证成功，在预算讨论、支出审查等方面使用绩效指标是有效预算制度的必要但不充分条件。虽然绩效预算改革中还存在诸多挑战和问题，俄罗斯的预算改革帮助自身解决了国内经济问题的同时使得俄罗斯顺应了西方国家的新公共管理运动浪潮，俄罗斯绩效预算在相关的国际评级中名列前茅。近年来，鉴于俄罗斯的经济形势，绩效预算编制工具的实施已变得特别重要。在不稳定的能源价格和国际制裁之后，预算收入停滞不前和萎缩。

二、俄罗斯绩效预算改革实施路径

在 2008—2012 年间实施的这些预算可被视为列报预算编制的例子。直到最近，绩效预算编制工具在很大程度上还是对预算趋势的致敬，也是试点和测试的对象。

政府活动的关键领域（KAGA）和关于各部委和机构的成果和主要活动的报告（RRMA）是俄罗斯作为试点和测试的两类预算绩效编制工具，编制工具用来事前评估、审查和制定预算绩效方案。项目评估和支出审查中以绩效为导向，并与预算结果挂钩，根据方案实施的成本和收益的信息来确定预算支出的金额。

2001年，一项政府指令颁布了俄罗斯联邦2002—2004年的第一个社会经济发展方案，该方案于2006年延长至2006—2008年。在此期间，在绩效预算编制工具概念的背景下讨论了"职能预算"的想法，即以作业成本和作业管理原则为基础的旨在履行政府职能和提供政府服务的预算。在21世纪初，讨论还集中在与发展项目预算有关的问题上，使用绩效指标、公式资助和激励。在俄罗斯联邦主持的2006年八国集团首脑会议上，俄罗斯财政部提出了一项关于公共财政善治的倡议，其中包括一项引入成果导向预算的建议（俄罗斯联邦财政部）。

2004年俄罗斯政府关于提高预算支出有效性措施的决议直接关系到绩效预算编制工具的执行。它包括在俄罗斯联邦2004—2006年预算分类改革中，各部委和机构的成果和主要活动报告的条款已成为预算编制过程中最早使用的绩效管理工具之一。RRMA描述了各部委和机构（预算规划实体）的目标、任务和绩效指标及其支出义务和创收计划。预算分配分布在目标、任务和方案之间，并建立了它们的绩效指标。RRMA必须全面描绘如何实现国家发展的战略目标。在实践中，RRMA未能在计划的业绩成果和预算拨款之间提供充分的联系。这在很大程度上是由于"软预算约束"的影响。

RRMA作为一种特殊的公共合同的选择性，以及缺乏适当的问责和激励措施。这在一定程度上削弱了最初的想法，并降低了RRMA在预算编制过程中的重要性。预算软约束本质上是公共部门实施绩效预算编制工具的障碍，而不仅仅是在后社会主义经济中，一个很重要的原因是这一领域有很重要的目标却无法量化。RRMA本可以起到公开声明和机构使命声明的作用，也就是说，它们本可以成为一种成熟的代表性预算编制工具，然而，它们未能充分发挥这一作用。由于其过于复杂和官僚的形式，只有少数公职人员和专家才能理解。除了这些文件的实际制定者之外,很可能很少有人会对它们给予应有的关注。没有制定公开讨论的程序,在讨论中可以考虑其他机构和民间社会代表的意见。不过,在编写这类报告、创建产出和成果指标数据库方面的经验积累,对实现预期目标和结果所需补贴金额的验证方法起到了积极作用。RRMA 的发展有助于形成循证管理、绩效管理和预算编制的文化,以及对预算决策后果的认识。

2004 年的概念要求主要向项目预算过渡,将其作为绩效信息预算的子集,旨在有效实现国家规划目标和重点。这标志着与传统的明细项目预算背道而驰。

2008—2010 年间,俄罗斯通过了第一个三年期预算,这一概念还要求将预算编制范围扩大到三年,这为实施绩效管理和编制预算创造了先决条件。这一概念还指出,预算的编制必须考虑到公共政策的目标,而预算拨款必须与绩效明确挂钩。它规定,国家项目的制定必须主要集中在产出及其与预算拨款数额和支出效益的相互关系。这个概念还包含了其他一些相当重要的想法。其中一个想法涉及国家项目之间的资金竞争分配。它提出了一项实验,涉及每年在联邦部委和机构之间竞争分配一部分预算补贴,考虑到预期结果,并记录它们正在实施的方案的优先次序和它们提交的 RRMA 的质量。

作为 PBB 应用前提的目标设定制度的下一阶段演变是于 2008 年制定了题为"截至 2012 年的关键政府活动领域"的文件。关键政府活动领域(KAGA)是下一阶段的绩效预算工具,KAGA 概述了中期优先事项以及 60 个具有预期效果指标的全国性项目。这些项目被细分为五个目标领域。

第一个领域名为"新的生活质量",体现了医疗保健、改善人口和环境状况以及发展教育系统等领域的公共政策目标和活动。

第二个领域被称为"经济的创新发展和现代化",包括确保宏观经济稳定,创造良好的营商环境和国家创新体系,增强产业竞争力,以及建设信息社会的基础设施。

第三个领域叫"国家安全保障",涉及国防工业改革的任务,加强国家反恐保护,确保更大的经济信息安全。

　　第四个领域被称为"区域平衡发展",重点是使联邦政策与地区政策保持一致,并在这些地区创建新的社会经济发展中心。

　　第五个领域被称为"公共管理效率提升",涉及行政和预算改革以及电子政务制度。

　　对每个KAGA项目的描述包括目标、指标和旨在实现这些目标的活动。每个项目都有其执行部委和机构、旨在显示项目实施给经济和社会带来的变化以及实现这些变化所需的资源的"项目路线图"、实现目标所需的预算支出数额,以及目标指标在资金量变化后将如何变化等。2008—2010年KAGA项目路线图的工作将RRMA放在了后台,但并没有完全覆盖它们。

　　提高预算支出的有效性是当前俄罗斯政府所面临的最重要的任务,这只有通过持续地实施预算绩效管理来实现,并逐渐使它更加全面,并对全过程中的参与者进行激励。此外,由于联邦和地方财政预算收入不断减少,以及外国借款和投资的条件更加苛刻,预算越来越紧张,目前需要这样做。一种特定的国家任务包括组织所提供的服务列表,对服务对象以及对服务的定量和定性的描述,并规定所需参数的可允许偏差。

　　这种国家分配机制不能完全解决委托代理关系中固有的问题或不完全契约问题。这仅仅是使公共组织的活动以结果为导向的方法之一。在实践中,不可能完全保证国家任务的计划指标和相应补贴的长期稳定性,这样激励的作用将会削弱。

三、制定预算支出效率计划和实施正式的中期预算

　　在金融危机等因素的冲击下,俄罗斯推行绩效预算面临停滞,直到2010年,《2012年前提高预算支出效率计划》正式颁布,将方案和预算联系起来进行了一次重要的尝试。这个想法是让联邦预算完全基于计划,联邦财政管理机关将几乎全部的联邦预算支出按照五个方向进行分配,并将预算补贴金额与这些项目的绩效指标挂钩。2010年底,共有41个国家计划项目获得批准。在2012—2014年预算草案中,联邦行政机关的支出在这些方案之间分配(除了一小部分方案外)。俄罗斯联邦

地区政府一级的预算也采用了类似的办法。在俄罗斯总统关于2014—2016年预算政策的讲话中,提到国家计划是连接战略规划和预算规划的主要工具,并引入了一项要求,根据这一要求,新的监管法案(包括联邦法律)必须考虑国家计划的目标而证明是合理的。目前在联邦一级有44个国家计划。它们中的大多数是在2013年推出的,为期六年。它们涵盖了联邦预算支出的70%,并纳入了约2000个绩效指标,其中一些是成果的目标指标,另一些是产出的目标指标。

目前的联邦计划涵盖了到2020年的一段时间。这些计划中的每一个都包括具体领域的公共政策优先事项的充实,以及主要活动的成果和产出、补贴金额和实施时间框架的指标。在联邦一级,每个项目的实施都由一个部门负责。一个部门可以监督几个项目的实施。

项目细分为子项目,有各自负责的部门或机构、目标、指标和预算。大多数国家计划的信息都是公开的,可以在俄罗斯联邦国家方案门户网站上找到。联邦一级的国家计划细分为五个主题部门:新生活质量、创新发展和经济现代化、公共管理效率提升、区域平衡发展、国家安全保障。计划的目标和补贴在其实施的剩余时间内每年更新,这更多地与预算收入的变化有关,而与任何未能实施国家计划活动的联系较少。在这种更新过程中,国家计划的目标指标和资金量发生变化,而主要目标通常保持不变。2017年国家规划共确立指标1914个,已实现目标值774个。国家方案的制定和更新考虑到了以下三个方面:对俄罗斯联邦社会经济发展的预测,行业特定战略以及预算限制。在4月1日之前,年度更新提交给政府,在起草联邦预算之前与项目实施过程所有者协调,也就是说大约在夏天之前,以主动为基础的审批制度已经到位,以加快和优化项目审批流程。这一程序是通过国家计划的门户网站以电子方式实施的。所有部委和机构以及相关组织都参与基于计划的审批。更新作为基于倡议的批准的一部分提交的国家计划的提案被送往负责国家计划实施的联邦部委或机构审查,在对收到的提案进行审查后,该部或机构决定接受或拒绝它们。部或机构必须证实其拒绝倡议的决定。负责计划实施的部门或机构必须将被拒绝的计划与国家计划一起提交给俄罗斯政府。并可在国家计划草案审查的后续阶段得到审查和支持。

计划也会根据预算的执行情况进行更新。例如,考虑到预算收入的变化,2017 年缩减了一批社会领域以及环境保护、国家安全和区域发展方面的支出。与此同时,医疗、教育、执法和制造业等项目的支出也有所增加。预算变动的执行摘要详细描述了需要改变支出的具体活动以及这种变动的原因。通过这种方式,预算和国家方案之间保持了联系,国家计划得到了补充。未来两三年的实施计划列出了实现这些目标的里程碑和时间框架、负责官员以及分配的财政资源数量。每一项国家计划都伴随着财政和经济理由以及对其实施效果的评估。国家方案财政资源的计算不仅包括联邦预算拨款,还包括来自地区和地方预算以及其他来源的补贴。对区域预算资金和预算外来源进行了预测。例如,环境保护国家计划将从联邦预算获得 80% 的必要资金,13% 来自综合地区预算,7% 来自私人来源。国家计划的实施受到季度监测,主要关注的是里程碑的实现,关于资金量和授予的政府合同的信息,以及未能遵守时间框架或实现里程碑的情况。2017 年 9 月,俄罗斯联邦国家方案下里程碑的实现程度估计约为 88%,按年初以来的累计计算。俄罗斯联邦会计商会,一个负责监测预算执行情况的独立机构积极参与评估预算和国家方案执行情况的进程。根据对每个计划实现里程碑的及时性的评估,发布季度评级。负责项目实施的部委和机构每年进行排名。这涉及评估已完成活动的数量和花费在这些活动上的金额。尽管在使用基于计划的方法方面取得了相当大的进展,但仍有许多问题尚未解决。具体地说,尚未制定评估计划外支出以及意外结果的方法。即使在起草预算时考虑了计划目标,并将其作为以下内容的一部分进行了更新。预算修订过程,有些情况下,尽管提供了资金,但项目产出和结果几乎保持不变,因特定的国家计划而大幅缩减规模。

四、俄罗斯"公民预算"制度

自 2012 年以来,"公民预算"制度在联邦一级实行,很多地区逐步采用该类系统,该网站提供了一般的关键预算参数信息,考虑到具体的公共利益,该网站回答了这样的问题:现在优先考虑哪些支出,为什么？谁来决定优先支出项目的补贴额度和方式？社会支出在预算中所占的比例是多少？公民交多少税？正在采取什么措施来降低预算对石油和天然气收入的依赖？其中一些门户网站还支持民意调查，并为公民提供了加入与预算相关问题的讨论中的机会。

五、俄罗斯实施预算绩效评价

在过去十多年中，俄罗斯联邦实施了相当多的绩效预算工具，范围从列报预算到直接预算编制。这个制度保留了内部矛盾，表现在预算支出的有效性方面缺乏切实的进展。公平地说，国际经验也不能证明绩效预算的实施取得了无可争辩的成功。显然由应用阶段的不正确性和不连贯性以及其他更普遍的问题导致预算绩效实施并没有取得快速的结果，从平衡社会利益的角度出发，实现预算资金的优化配置，是绩效预算实施的重要目标之一。这需要在预算编制过程中引入招标和竞争程序，这将使其有可能在考虑到现有的和新承担的义务的情况下，先于其他计划和项目确定优先计划和项目并为其提供资金。在规划和监测预算执行情况、多年预算、方案预算等方面使用成果指标是完成这项任务的重要前提。在规划和监测预算执行情况、多年预算、方案预算等方面使用成果指标是完成这项任务的重要先决条件。然而，当所有这些机制都由权力的行政部门提供时，结果可能与预期的相去甚远。容易受到"官僚最大化"影响的部委和机构把重点放在自己的利益上，而这可能与公共利益相去甚远。所以仅仅实施预算绩效管理机制是不够的，还需呼吁公民和议会获得知情权并积极地参与预算编制过程。这可以通过在审查预算、国家计划和项目时减少政府和公众之间的信息不对称来实现。这个问题与俄罗斯各级政府都有关系。否则，绩效预算将无助于创造最大可能的社会和经济效益，而是将被用于部委和机构以及与之相关的组织之间的官僚讨价还价。俄罗斯联邦审计院认为，国家计划有时与公共社会经济政策的长期目标不一致，而且它们经常使用以机构为中心的方法来实施，预算决策背后的理论基础通常不包括对经济主体行为的不同情景的分析。各种利益相关者对实现共同目标的实现进行共同合作、共同生产、共同出资以及公私合作伙伴关系很少得到评估,采用措施刺激关于有效使用预算资金问题是非常重要的,在俄罗斯使用的大多数绩效预算的工具中,激励机制要么缺失,要么极其薄弱。应鼓励各部委政府主要领导和项目负责人有效地进行预算编制,完成预定目标以及绩效指标,并对未完成预定目标负责。节省预算资金、结转到下一年的资金或改变支出结构的机会有限或根本不存在。这从传统上被归咎于未能达到预算的宏观经济参数以及由此产生的经济后果。因此,"要么使用它,要么失去它"的问题依然存在。而预算管理归根结底是执行预算计划。

第四节　国外预算绩效改革中存在的风险挑战与对策

一、改进工具风险

考虑到全球能源市场的动荡、制裁和持续的经济停滞,这对俄罗斯来说是一个特别重要的问题。这将是在现实中俄罗斯必须要做的事而不是例外,然而,在实践中,考虑到全球能源市场的动荡、制裁和持续的经济萧条,只是在项目的计划阶段用到正式的会计风险,而没有与这些风险对预算的影响相联系。

二、预算绩效评价工具

俄罗斯面临的挑战目前存在技术性问题,同时也面临着系统性挑战,例如,找到客观和充分的指标对结果进行量化、目标成果的实现程度、预算资金不能分配方案的比较。加权平均指标在现有指标中占相当大的份额,这些指标并不总是可以追溯到任何具有社会意义的结果。这导致了"努力达到目标指标"的做法,这对负责实现目标的官僚来说是最方便的。在采用预算绩效的条件下,因为除了传统的财务指标外,还需要考虑定性和定量的绩效参数,预算决策的审批过程变得复杂,预算编制中参数范围不断扩大以及信息技术和大数据的发展不足使得预算编制和修订工作变得更加复杂。在这种情况下,很难保证预算管理的可操作性,灵活便捷的预算将会很难实现。联邦和地区预算的收入缩水,以及外国借款和投资的条件更加苛刻的情况下,目前预算限制越来越大,提高预算支出的有效性是俄罗斯政府的首要任务,这需要通过持续地实施预算绩效管理来实现,并逐渐使它更加全面,并对全过程中的参与者进行激励。

从意大利的实践中可以看到,对各部委近年来通过的绩效计划的分析表明,在大多数情况下,这些计划从产出和结果的角度确定要执行的活动,而不是要实现的结果。此外,对各部委近年来通过的绩效计划的分析表明,在大多数情况下,仔细考察这些指标,他们中的大多数具有官僚主义的本质,我们可以看到一个非常有害的现象——只有挑战性较小的任务才被纳入这些指标,并且这些目标几乎总是完全实现的。

德国由选举产生的政府官员制定的战略产生了一份广泛的文件,其中包括一般性和总体政策重点,为将来指标和目标的定义中的不明确和歧义部门的改革进行铺垫,这些挑战反映出将这一系统与公共预算联系所需要的公共组织来衡量和管理他们的业绩的能力是有限的,中央公共行政部门在使用绩效预算编制方面面临的挑战可以根据 Andrews（2004）制定的框架进行分类,世卫组织将影响绩效预算实施的关键因素分为三个宏观类别:能力、权威和接受度。这三个因素的共存和相互作用促成并创造一个可以使用绩效预算的“改革空间”。

实施预算绩效管理下除了传统的财务指标,需要考虑得到的定性和定量的绩效参数,这使得做出预算决策将会变得更加复杂。预算编制中参数范围不断扩大以及信息技术和大数据的发展不足使得预算编制和修订工作变得更加复杂。

三、预算绩效立法方面

除了上面讨论的与能力相关的挑战之外,意大利的经验提供了对其他两个维度的洞察力:权威和接受度。首先,法律和组织权威至关重要,尤其是在公共预算领域。此前的研究声称,关于绩效预算的立法的存在可以支持这项改革的实现;然而,意大利的实证案例表明,尽管存在支持绩效管理和预算过程之间联系的法律,在其他情况下基于绩效的预算编制尚未完全实施。教科书式的、综合的方式不利于改革的实施和运用。此外,这项立法造成了人们对额外官僚责任的看法,打击了中央机构工作人员的积极性,而不是传播一种绩效文化。反过来,这种情况导致各部委和组织各级对基于绩效的预算缺乏广泛接受。此外,在公共预算的背景下,各部委工作人员的自主权和灵活性受到限制,强化了自主空间有限的集中决策的看法。

意大利国家审计委员会和审计法院都承认文件和责任存在重复交叉的问题,并指出了计划中的管理改革有可能转变为额外的官僚负担的风险。

有几个具体因素的存在对意大利中央政府实行绩效预算提出了挑战,这次改革是全面的,对意大利政府的所有中央组织(部委)提出广泛而统一的要求。这一措施首先面临的挑战是需要创建一个灵活的系统以满足每个部委的具体需求,立法赋予每个组织采用衡量和管理绩效的系统的可能性。管理者可以在更广泛的法律框架内指定绩效系统阶段、执行时间、参与者和职责,然而,在实践中,尽管它们的组织环境不同,但是所建立的绩效系统的确高度相似,此外,改革一直是集中管理的,要求国家机构为中央政府所有部门制定指导方针。这意味着他们制定的指标不能在很大程度上考虑到每个部委的具体需要。2017 年发布的关于制定业绩计划的新指导方针中,公共职能部及其技术委员会部分取代了以前的 ANAC 指导方针,试图通过与各部委积极协作的互动方式,解决以前试验中出现的主要问题。

四、绩效信息的应用

根据对几个经合组织国家使用预算绩效的分析发现,意大利的得分一直低于经合组织的平均水平。尽管有大量的绩效信息,其最大的挑战是如何使用绩效信息及其对预算编制过程的影响。意大利的经验表明,中央行政管理当局已经采取相关措施进一步确认绩效评价与管理体系的相关性,并意识到预算编制作为计划和控制工具的作用。然而,公共预算似乎仍然受到传统的、带有绩效信息以投入为导向的方法的影响。虽然在一些文件中报告了绩效计量和绩效指标,却很难将其作为预算的决策依据,因此,在预算编制过程中使用绩效信息的程度是有限的。财务和非财务信息只是以比较初步的方式联系在一起,在预算编制过程中,有关未来的信息优先于有关过去的信息,论绩效预算还有很长的路要走,由于意大利长期习俗、官僚主义的传统以及自上而下的体制,绩效预算制的改革推行并没有找到一个有利的背景,进而导致实施和使用上的差距。公共管理改革并没有取代传统的司法范式,而是通过适应并纳入法律管理文化中去。

根据国家咨询委员会关于中央政府一级改革执行情况的最新报告(2014 年),业绩周期和预算周期之间的协调仍然薄弱和不完整:虽然 75% 的战略目标与资源分配有关,只有 16.7% 的运营目标与财务资源相关。此外,执行情况计划和报告中与战略目标挂钩的财政资源数额往往不同于综合说明中报告的财政资源数额,资源与战略或结构目标相联系。

在“世界经济论坛正式报告(2009 年)”中,绩效预算被定义为一种预算编制程序,公共资源的分配取决于与所用资源相关的政策目标所取得的成果。因此,绩效指标预计会影响分配决策。基于绩效的预算在理论上被理解为面向结果的预算,尽管结果和资源之间的联系似乎模糊或是不确定,一方面,这种联系表现在绩效周期和预算周期之间的协调上,这需要文件和执行者之间的配合来完成,除了预算限制和测量困难之外,在实践中这些文件在实施时间上存在难以协调的问题以及存在重复收集信息的问题。

五、影响绩效预算的实施效果的因素

影响绩效预算实施效果的因素包括:经济和金融危机、支出的刚性、绩效文化的传播有限性、绩效衡量并将其与预算编制过程联系起来从技术角度存在困难、绩效与预算周期整合的不明确性等。

因此,尽管改革似乎重点突出,通过巨大耗资引入复杂立法框架、协调机构以及以绩效为导向的改革运动激发变革等,但其结果仍然不令人满意,正在进行的改革可以促进改进绩效预算制度的执行和使用。但是,政权和行政领导人能够根据每个部门的需要和特点来采取相应措施预期会得到更好的结果。

解决上述存在的问题,第一个要点涉及改进绩效周期和预算周期之间的时间一致性问题,详尽阐述绩效实施计划,获取更多以往信息,而这往往是以前的计划缺乏的。通过对各部委公布的文件的分析,可以看出披露的绩效信息非常丰富,从对绩效计划和预算综合说明的文件分析来看,业绩信息大多面向未来,过去仍然是有限的,使用此类信息来影响未来决策的行为是片面的和没有说服力的。

通过渐进的、灵活的方式和组织改革来简化程序,技术和文化障碍将会削弱。例如,消除信息的重复收集,以及引入具有可行性的做法,绩效预算改革应克服双重性设计,积极应对绩效管理和预算编制程序有关的挑战。增强过程学习的能力,进行适应性改革,更深入地理解绩效和预算周期的意义变得尤为重要。

第五节　国外高等学校预算绩效管理发展沿革

一、国外高等学校采用绩效预算管理的背景

从世界范围来看,高等教育的资金来源渠道也是多元化的,而其资金来源中占据最大份额的就是来自公共领域的资金,因此,一个重要的问题就是这些公共资金如何在各个高等教育之间进行重新分配,从世界范围来看来自公共领域的资金分配方式有三种最为常见的方式: 根据绩效或历史指标数据、项目以及与政府部门与大学之间的合同约定。在支持高校研发方面,根据绩效进行资金分配得到了更多的应用。

在 2003 年世界银行发表的一篇文章中,作者认为:"尽管有广泛的说法,但绩效预算可能带来的好处并不总是很清楚。"长期以来,绩效预

算一直是工业化国家和发展中国家推荐的改革方案,但这种资源分配方式的相对影响仍存在相当大的模糊性。

在一些发达国家,高校也是通过不断改进措施来尽可能地应对以及适应这种体系。从欠发达的国家和地区来看,使用绩效进行分配资金更倾向于是一种对日益增长的需求的回应方式,而不是为了提高和改善科研质量本身,单纯依赖这种方式进行资金分配可能无法带来预期的效果,从斯洛伐克共和国现有的研究发现,除了出版数量的增加以外,也导致一些负面影响,例如不同学科领域之间出版存在很大的差异,存在出版物数量的增加而不是出版质量的增加的现象。

二、美国高等教育绩效预算管理概况

20世纪70年代末到80年代初,由于财政收入紧缩,国家对高校的拨款数额开始愈发紧张,高校为了能够获得更多的资源加强对自身的评估,同时政府、司法机关和社会都要求对大学进行评估,绩效评价成了不少国家进行高等教育拨款的重要依据,但具体实施的效果还不太稳定。从1979年到2007年,美国26个州根据预算绩效对高校进行拨款,这一期间共有14个州退出这个方式,主要原因是这些绩效评价指标比较单一,例如,只考虑到高校的招生情况,或是考虑高校的产出,但是没有考虑各个学院之间的差异。近几年,通过对以前方案的修订又有17个州加入执行绩效拨款。有学者指出了高校使用绩效评价的边界问题非常重要,绩效拨款的范围要合理,如果太大的话,能够影响到教师的基本生存和高校的稳定运行,会影响到高校教师的科研教学的积极性。

通常情况下,机构不能在运营预算和资本预算之间转移资金。各州对公共部门经费支出实行不同程度的控制。Volkwein（1984）对国家控制机构的性质和程度进行研究。鉴于美国机构享有的自治权,来自其他国家的高等教育官员经常对这些控制的程度感到惊讶。随着美国高等教育机会的增加,以及周期性的经济衰退,政府通过重新设计高等教育预算流程来寻求更大的机构问责制(Burke&Serban,1998)。他们希望新的预算程序将成为加强政府政策和鼓励机构高效运作的更有效手段。过去人们一直在寻找旨在帮助州立法机构限制公共支出的预算流程方法：他们将其定义为"国家专项拨款与公立学院和大学在特定绩效指标上的成绩直接挂钩"。

有 21 个州实行绩效预算，他们将其描述为"州政府将绩效指标的成绩报告作为设定公立高等教育及其机构预算水平的一个因素，而不是将具体金额与具体指标的绩效直接挂钩。"1998 年，国家高等教育行政官员组织进行的一项调查显示，37 个州报告说，他们在某种程度上使用了绩效衡量标准。其中，有 23 个州以不同方式利用绩效考核向高等学校分配国家资金。8 个州报告称，绩效指标与分配给机构的资金之间存在直接联系。

报告将绩效指标用于预算决策描述为一种"范式转变"，即从国家满足院校需求的思维转变为学院或大学满足国家需求的思维。

然而，时事通讯报道说，调查完成后，阿肯色州和肯塔基州两个州取消了绩效资助方案，华盛顿颁布了一项方案。Carnevale，Johnson 和 Edwards（1998）报告说，截至 1998 年 4 月，11 个州将部分拨款与公共机构绩效指标挂钩，另有 15 个州报告称，他们可能会在未来五年内这样做。这些报告的数字略有不同，似乎是因为数据收集日期不同，以及对"绩效预算"和"绩效资助"的定义不同，似乎越来越多的州正在寻求将预算与绩效挂钩。

市场导向策略对美国高等教育产生了更多的影响，对高等教育公共财政支出的绩效责任和绩效管理的问题给予了更多的关注。根据美国州政府的法律，大学要参与绩效评价，对其办学的效果、效率和绩效进行评估。根据美国教育委员会（ACE）的调查发现有 97% 的大学愿意对其绩效进行评价。通过绩效评估，大学可以收集相关信息，同时可以利用收集到的信息促进组织的发展，并最终能够反映出学校的价值。

三、俄罗斯高等学校绩效预算管理概况

执行国家任务的是俄罗斯高等学校获得预算补贴的一个条件,例如,对于一个典型的俄罗斯国立大学来说,设立了一个三年期限的名为"实施教育计划"的服务,所研究领域和重要问题是这项工作的一部分,该服务的一项指标通常是各个项目的学生人数。工作或研究的任务将包括预期结果的定性特征、出版物数量、被引用收录指数等。

四、斯洛伐克共和国高等教育预算绩效管理概况

斯洛伐克共和国在研究领域并不处于领先地位,该国高校也没有在世界排名中占据前列,高校引进绩效作为关键因素进行拨款已有 10 多年的时间,根据进行拨款的方式,通过分析比较,可以看到出现的变化。

在斯洛伐克的高等教育中,很多种类公共拨款项目是基于绩效获得的,其中最主要的两大类是教育和研究。在教育经费分配方面,主要以学生人数为基础,预算绩效拨款在较小程度上得到了应用。以未就业率来衡量学生的就业能力,并以此作为绩效指标,而在高等教育科研的拨款方面,主要是以绩效指标为基础。该国高等教育的资金来源主要有以下四种基本方式:国家及教育部根据绩效进行拨款、通过国家和国际赠款计划提供项目资金、来自欧盟结构性基金和企业、私营部门提供的资金。21 世纪初,斯洛伐克开始了基于绩效的高等教育公共拨款制度,当时教育部首次颁布计算大学补贴方式,起初,按照大学生数量进行的拨款在所有经费拨款中占据最大比例,在过去几年中这一点发生了显著变化,根据大学学生人数拨款占总拨款的比例与绩效拨款占总拨款的比例大致相当,由于当时有近三分之一的人在国外学习,引入这种拨款方式主要是为了提高高校的绩效以及教学质量。

根据斯洛伐克共和国大学资源分配的有效方法,资金总是只提前一年。年初资金分配方法往往不明确,大学的预算通常只在给定年份的 3 月份批准。计算方法通常每年都会发生部分变化,而这种变化发生在执

行分配资金的活动时。该系统的运作方式是,根据 2016 年的方法,为大学分配 2017 年的资金,但考虑到 2014 年和 2015 年的活动。学校被迫在非常短的时间内实施,这可能给大学的管理带来问题。

当前高校的科研资金主要来自教育部 SR 的次级方案 077012,该次级方案每年都有固定的财政拨款,该方案定义多个绩效指标,主要是与大学出版和研究项目活动相关的绩效指标。

基于绩效而获得研究经费主要是为了获得资助和出版,出版活动对大量的不同类型的产出成果进行评估,特别是收录到 SCOPUS 数据库以及 WOS 数据库的成果。通过对一些关键性变化进行分析,我们可以看到绩效拨款的应用为大学产出成果带来了一系列的变化。

(1)斯洛伐克共和国实施高等学校绩效拨款对出版平台以及发行专著的影响

一种增加出版发行数量的方法可能是创建属于自己的出版发行平台。斯洛伐克共和国在绩效拨款中,重点放在 SCOPUS 数据库和 WOS 数据库中收录的期刊,需要注意的是这类数据库中的期刊必须满足某些条件,但是这类期刊的作用主要不是保障其刊物的学术质量,而是基于商业目的而经营的,因此,中欧和东欧地区的期刊数量在此期间几乎翻了三倍(Pajić,2015)。

例如,收录在 WOS 数据库和 SCOPUS 数据库中的经济类杂志数量从 2000 年的 4 个增加到 2015 年的 17 个(Grancay et al.,2017)。如果我们对这些增长进行比较分析,会发现引入更高比重的绩效拨款后实际出版水平并没有增加,这一增长的很大一部分来自大学自己出版的期刊,这类期刊在西欧不常见,它们通常相互支持,以增加其影响因子(Teodorescu and Andrei,2014)。

除了高等学校自身创建出版平台、出版专著的数量明显增加。在中欧和东欧国家存在一种普遍现象,在支付版面费的问题上,相比于发行有影响力的杂志,出版专著更占主导地位,可以看到特别是出版国外专著中被认为是最高类别的,其权重是国内专著的两倍,所以出现了更多的专著选择在国外出版,尽管该类专著是斯洛伐克语并具有国内专著的特点,在 2014 年和 2015 年间出版的 465 本外国专著中,共有 148 本是用斯洛伐克语写的，约占总数的三分之一，在发行质量上与国内出版无异，他们按照新的标准将已经在国内发表的专著进行调整并将其在国外发表。

（2）斯洛伐克共和国实施高等学校绩效拨款对论文发行量的影响

科学刊物被认为是一种好的衡量研究产出量的指标，对 2007 年至 2016 年期间的数据进行比较研究，在使用绩效拨款的前四年以及后五年这段时间，对收录到 WOS 数据库和 SCOPUS 数据库的科学类文章数量的变化情况进行对比分析可以发现，在此期间斯洛伐克的出版活动显著增加。2016 年 WOS 数据库中发表文章的总量几乎是 2007 年的两倍，录入 SCOPUS 数据库的文章数量也呈现出同样的变化趋势。然而，单纯出版数量的增加还需考虑整体数量的变化情况，为了比较绩效的变化，我们可以以邻国奥地利为例，该国存在一种不同的大学拨款体系，一类是个别大学与教育部协商确定拨款金额，另一类是国家根据社会需求以及对大学预期发挥职能所进行的预算安排（Pruvot et al.,2015）。该国呈现出相反的趋势，13 年之前，绩效指标仍然决定着高校资金筹集，当我们审视奥地利国内的变化时，我们可以看到这一时期出版活动的显著增加，甚至比斯洛伐克共和国的情况还要快。绝对值方面这些差异甚至更大，奥地利的出版活动总量是其 2.8 倍，尽管斯洛伐克引入了绩效拨款，但两国的总体出版活动仍具有可比性，因此，比绩效拨款更重要的是支持适当专业性的研究，同时顶级研究人员似乎更为重要，如果我们总结出版物数量的绩效变化，在引入绩效拨款后，出版物数量增加，然而如果我们更详细地了解整个系统，我们可以找到其他一些不是直接通过增加科学研究的数量和质量而是针对适应大学科研体系的关键因素。

在 2009 年以前，斯洛伐克大学几乎没有出版物。自从实施绩效拨款后，这些期刊的出版物数量迅速增加，其中一个原因是 2016 年斯洛伐克共和国教育部编制的数据库中确定一类期刊，在该类期刊发行的论文可以获得资助，因此数量增加。在没有绩效拨款的情况下，这类出版物几乎不受关注。

对于大学还有出版商来说，他们都赞成根据出版发行量而进行拨款，他们创建了在 SCOPUS 和 Web of Science 数据库中注册的期刊，在财务参与下，这些期刊允许发表低质量甚至低初级质量的论文（Srholec

和 Machacek,2017),过去这类期刊被称无德期刊,由 2004 年的数据可以看到,在 SCOPUS 数据库中的无德期刊上发表了约 2000 篇论文,约占总发行量的 0.1%,2015 年这一数字增加到了 60000 篇论文,约占总发行量的 3%。

在 2016 年之前,所有注册在这些数据库中的期刊在绩效拨款体系中具有相同权重,只是在 2017 年,这类杂志的影响因子第一次开始应用,这些杂志根据影响因子被分成 6 大类,更高的影响因子能够为大学获得更多的资源,在这种制度下会不考虑期刊质量的尽量多地发表刊物,例如,从斯洛伐克科学家们发表在一部分中东欧经济学领域的期刊平均影响的数据可以看到,这类杂志的平均影响系数从 2000 年的 0.365 到 2005 年的 0.479,再到 2010 年的 1.137,引入绩效拨款以后,2014 年平均值降到了 0.817(Grancay et al.,2017)。

斯洛伐克共和国教育部列出了 11 种范围较小的被贴为"无德类"期刊的名单,这类期刊不在资助范围之内。其他学者也对此进行了研究,Grancay 等(2017)学者拓宽了此类杂志的研究范围,在原杂志范围的基础增加了其他 6 种带有无德类标志的期刊,结果表明,在此类出版物上的期刊数量几乎翻了一番。在这两种情况下,我们都看到了上升的趋势,显示出逐渐适应在这些数据库中发布文章的需要,并找到使之更容易的方法。如果我们以 2011 年的数据为基数,从那时起,数据增加了几倍,大大快于 SCOPUS 数据库中所有出版物的增长速度。总体而言,它们在总出版物中的份额已由 2011 年的 1.5% 变为 2016 年的 5% 左右。

近年来,数据库还采取措施重新评估一些后来被数据库移除的期刊,这一措施部分消除斯洛伐克相应出版量的增加,他们无法进一步发表无德类文章,甚至还有更大范围在不列入 SCOPUS 数据库的杂志上发表的文章,因此,至少不受某种程度的质量控制。

(3)斯洛伐克实施高等学校绩效拨款对高校研究人员参加学术会议产生的影响

以经济大学为例,我们从学术会议的成果评价上可以看到经费拨款从部门到独立研究人员的转变,在绩效拨款之前,学术会议是在评议杂志撰写文章的第一步,绩效拨款也为学术会议本身引入了物质奖励,并且对不同学术会议的奖励价值是一样的,然而,在他们的内部评估系统中,经济大学已经批准在 WOS 数据库中已经注册的学术会议比其他类型的会议更有影响力,在 WOS 数据库中注册学术会议出席率快速增长,但出席会议的人数总体上有所下降,从预算的角度来看,这一步产生负面影响,同时,它限制参加没有直接记录的学术会议,这通常是最好的学术会议,仍然只把学术会议理解为获得评论的一种手段,而且出版物本身是以科学文章的形式完成的。这些例子表明,科学家也在很大程度上调整他们的输出以制定规则,并将绩效指标错误地分配给个人,极大地影响了绩效以及以绩效为拨款体系的效率。

从以上不同群体的变化可以看出,出版物数量显著增加。然而,如果我们更详细地了解增长点时,我们可以注意到,出版物数量的增长最多的高校都是最初出版成绩较差的大学。

在绩效拨款实施以前,SCOPUS 数据库中超过 90% 的出版物来自排名前 50% 的顶尖级大学,其中 55% 来自斯洛伐克最重要的两所大学——夸美纽斯大学和斯洛伐克技术大学。在资金变化之前,有趣的是,根据斯洛伐克教育部进行绩效补贴方法衡量出在整个出版活动总量中绩效更好的高校所占份额,它们的发展情况并不相同。这些年来,绩效最好的那类高校所占份额有所增加,研究显示,在引入绩效拨款后,最初在高质量期刊上的表现活跃的大学提高其发表量,很可能是激发了这类学校中有实力的一流教师,而在其他的体系中无法激发这类老师;第二个原因可能是绩效较差的大学努力寻找其他增加出版物的方式,相反,对于最好的大学来讲,他们可能只关注质量更高的期刊,引入绩效拨款促进了高校一部分或不太重要的科研成果的发表和传播。然而,在大学层面,绩效拨款制度的实施并没有导致财政资源的二次分配。

第六节　国外高等学校绩效改革对我国的启示

从美国、意大利以及斯洛伐克高等教育绩效预算的实践来看,实施绩效预算的尝试和改革是值得的,特别是政府财政资金出现短缺危机的情况下,引入绩效预算改革总体上确实对高等教育机构的效率产生了积极影响。采用这种方法可以提高政府政策实施的效率,对于政策制定者来讲,该种方法是一个可行的工具。同时通过国外的实践经验还可以看出,绩效预算政策的实施要保持稳定,需要始终如一的努力,并在资源配置方面使用合理一致的方法。

当前高等教育要用更少的资源做更多的事情,为更多的人做更多的事情,面临着更大的挑战,完善高等教育治理结构对实施高等教育机构的绩效预算也是至关重要的。

斯洛伐克采用绩效拨款给高等教育带来了一些明显的变化,特别是在高校科研成果领域。总体来说,近年来该国的出版活动显著增加。然而,这一增长与其他国家的增长相当,例如邻国奥地利。另一方面,与发达国家相比,带来更加明显普遍的影响。

这些影响表现在不同的形式上,如努力建立自己的出版平台,在无德期刊上发表文章,在国外发行学术专著,所有这些都与数量取代质量有关。从中可以看到非常明显的趋势,人们倾向于选择更容易的方式来实现必要的产出,获得高等教育拨款和个人成长,而不是专注于走提高质量的道路。同时也看到了积极的一面,这些消极和不公平的做法越来越频繁地受到本国学者们的批评,大学管理层首先要采取行动"清理"该领域。

对于绩效拨款政策本身而言,正确设定不同产出权重之间的比例非常重要。此外,大学将这些绩效要求告知给高校学者本身的方式也很重要,鉴于预算计算的标准和基于绩效的资助制度事先并不清楚,大学面临着内部压力,大学内部建立科研制度更加注重数量和短期结果,而不利于产出更高质量的研究成果,大学必须设计好自己的方式将绩效拨款的信息告知给本校学者。

第五章

我国高等学校预算绩效
管理制度与实践梳理

第一节　国家及地方全面预算绩效管理政策及法规

以习近平新时代中国特色社会主义思想为指导,全面贯彻党的十九大和十九届二中、三中、四中、五中全会精神,聚焦中央和省委、省政府重点工作,将着力点放在推动服务构建新发展格局、促进高质量发展上。做好财政资源统筹,不断进行支出结构优化,增强国家重大战略任务财力保障。不折不扣落实过紧日子要求,厉行节约办一切事业,精打细算,严控一般性支出。强化零基预算理念,打破基数概念和支出固化格局。深化预算管理制度改革,落实部门和单位预算管理主体责任,完善部门预算约束机制,加快支出标准体系建设,推动预算绩效管理提质增效,加强预算管理一体化建设,以信息化推进预算管理现代化,不断完善标准科学、规范透明、约束有力的部门预算管理制度。

一是支出预算编制的根本原则即为合理性,对支出预算规模进行合理安排,建立完善"能增能减"的预算安排机制,强化零基预算理念,支出预算规模不再与财政收支幅度或生产总值层层挂钩;在编制年度预算时,根据重点支出保障内容和进度需要安排支出预算,不再采取先确定支出规模再安排具体项目的办法。

二是对预算项目实行项目全生命周期管理,预算项目为预算管理的基本单元,对所有的预算支出通过预算项目的形式纳入项目库,并对其进行全生命周期管理,预算支出的全生命周期管理包括前期谋划、项目储备、预算编制、项目实施、项目终止等阶段,在项目库中全流程动态记录和反映项目信息变化情况,并实时动态更新、滚动管理。

三是支出预算的项目分类管理。按照人员类项目、运转类项目和特定目标类项目对预算项目进行分类。人员类项目是指部门和单位有关人员的工资福利支出、对个人和家庭的补助支出项目;运转类项目是指部门和单位为保障其机构自身正常运转、完成日常工作任务所发生的公用经费项目和专项用于大型公用设施、大型专用设备、专业信息系统运行维护等的其他运转类项目；特定目标类项目是指部门和单位为完成其特定的工作任务和事业发展目标所发生的支出项目。除人员类项目和运转类项目外，其他预算项目作为特定目标类项目管理。

四是预算支出流程控制管理。预算支出流程控制管理包括以下几个方面。

（1）前期谋划。各部门、各单位结合本部门本单位的职责和事业发展规划，提前研究谋划人员类、运转类、特定目标类支出需求。参照以前年度预算安排及执行等情况，组织项目申报，开展项目评审论证，根据评审报告和相关支出标准测算项目支出。

（2）项目储备。各部门、各单位维护本部门本单位的单位信息、人员信息等基础信息，财政部门维护人员类项目和运转类项目中的公用经费支出标准，系统自动测算各部门、各单位人员类项目支出和运转类项目中的公用经费支出，各部门、各单位确认后纳入项目库作为预算储备项目；各部门、各单位根据项目申报、评审论证、支出测算等情况，将其他运转类项目和特定目标类项目录入项目库，规范、完整、准确填报项目要素，报送财政部门审核。财政部门对报送的项目进行审核，并对审核通过的项目进行纳入预算储备项目。

（3）预算编制。各部门、各单位结合项目绩效目标和总投入，根据成本效益原则，从储备项目中挑选预算项目，对项目进行排序，按预算编制程序列入预算。各部门、各单位选取的预算项目报送到财政部，财政部对其进行审核。有关部门、单位根据财政部门的意见修改完善。

（4）项目实施。动态记录和反映项目预算下达、预算调整和调剂、预算执行、绩效管理等情况。

（5）项目结束和终止。单位应在项目年度预算最后一笔资金支付完成后，对项目年度预算标记"结束"；对执行完毕的项目和不再执行的项目标记"终止"。

第二节 2022年辽宁省对预算编制绩效管理工作要求

一、评估范围

新增或执行到期拟继续执行的特定目标类项目均需开展事前绩效评估。业务主管部门负责事前评估的具体组织实施,重大项目应采取聘请第三方机构的方式组织开展。

二、事前评估报告涉及的内容

对项目的实施的必要性、可行性,项目展开、投入的经济性,预算的合理性,预期绩效的可实现性以及可持续性开展评估。

三、绩效目标管理

(1)绩效目标分类

部门整体绩效目标。预算单位按照确定的职责,利用全部部门预算资金在一定期限内实现的产出和效果。

项目绩效目标。项目在一定期限内实现的产出和效果。人员类、运转类项目的绩效目标纳入部门整体绩效管理,特定目标类项目单独编制绩效目标。

(2)绩效目标的管理流程

绩效目标同部门预算实行同步申报、同步审核、随指标文批复到预算部门。经批复的绩效目标原则上不予调整和变更,确需调整的,比照预算调整程序办理。

(3)部门整体绩效目标编制要求

各部门(单位)均应设定部门(单位)整体绩效目标。一级指标包括:履职效能、预算执行、管理效率、运行成本、社会效应等。各部门(单位)

在预算编制"一上"环节报送部门整体绩效目标。"二上"环节修改完善。

各部门(单位)均应设定部门(单位)整体绩效目标。一级指标包括:履职效能、预算执行、管理效率、运行成本、社会效应等。各部门(单位)在预算编制"一上"环节报送部门整体绩效目标。"二上"环节修改完善。

表 5-1　整体绩效指标

一级指标	二级指标	三级指标
履职效能	重点工作履行情况、整体工作完成情况、基础管理	重点工作办结率、总体工作完成率、工作完成及时率、工作质量达标率、依法行政能力、综合管理水平
预算执行	预算执行效率	预算执行率、预算调整率、结转结余变动率
管理效率	预算编制管理、预算监督管理、预算收支管理、财务管理、资产管理、业务管理	绩效目标覆盖率、预决算公开情况、收入管理规范性、支出管理规范性、内控制度有效性、固定资产利用率、政府采购违规次数
运行成本	成本控制成效	"三公"经费变动率、在职人员控制率
社会效应	政治效益、社会效益、经济效益、生态效益、服务对象满意度、社会公众满意度	至少选择2条二级指标
		新建三级指标
可持续性	体制机制改革	至少新建1条三级指标

表 5-2　项目绩效指标

绩效指标	一级指标	二级指标	指标解释	三级指标
	产出指标	数量指标	反映预期提供的公共产品和服务数量	至少1条三级指标
		质量指标	反映预期提供的公共产品和服务达到的标准	至少1条三级指标
		时效指标	反映预期提供的公共产品和服务的及时程度和效率	至少1条三级指标
		成本指标	反映预期提供的公共产品和服务所需成本的控制情况	至少1条三级指标
	效益指标	经济效益指标	反映相关产出对经济发展带来的影响和效果	至少选择2条二级指标,新建三级指标

续表

绩效指标	一级指标	二级指标	指标解释	三级指标
	经济效益指标	社会效益指标	反映相关产出对社会发展带来的影响和效果	
		生态效益指标	反映相关产出对生态环境带来的影响和效果	
		可持续影响指标	反映相关产出带来影响的可持续期限	
	满意度指标	服务对象满意度	反映服务对象或受益人对相关产出及其影响的认可程度	至少选择1条二级指标,新建三级指标
		社会公众满意度	反映社会公众对相对产出及其影响的认可程度	

表5-3　2021年省本级预算编制中部门整体和项目绩效目标和指标情况表

名称	部门整体绩效目标			项目绩效目标		
	2020年	2021年	同比增加	2020年	2021年	同比增加
绩效指标数量(条)	9590	13005	36%	3141	7054	125%
其中:定量指标数量(条)	5543	8797	59%	1828	4986	173%
定量指标数量占比(%)	57.80%	67.60%	9.8个百分点	58.20%	70.70%	12.5个百分点

第六章

辽宁省高校全面预算绩效
管理现状及问题分析

第一节 辽宁省高校样本情况分析

辽宁省现有 5 所中央部属高校,31 所省属本科高校,5 所市属本科高校,27 所省属高职(专科),14 所市属高职。本书为了解全面预算管理在辽宁省高校中的实施情况,通过调查问卷的方式,对各类高校共发放 40 份调查问卷,共回收有效调查问卷 33 份,其中省属高校占比 94%,市属高校占比 6%。

一、样本高校在学科分类、在校教职工人数、学生人数占比方面展开分析

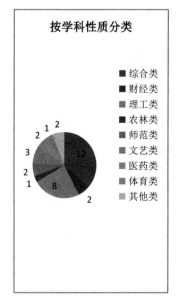

图 6-1 学科分类

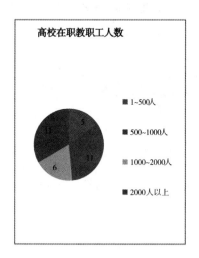

图 6-2 在校教职工人数

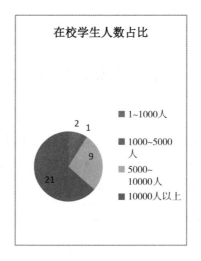

图 6-3　学生人数

从图 6-1 可以看出样本高校中综合类大学占比最高，达到 36.4%，图 6-2 显示样本高校中在职教职工人数主要分布在 500 ~ 1000 人以及 1000 人以上，图 6-3 学生人数超过 10000 人的占样本高校的 63.3%。

二、对样本高校经费占比数量以及预算规模进行分析

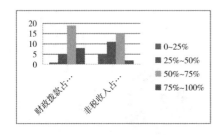

图 6-4　样本高校经费占比数量

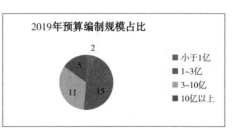

图 6-5　2019 年预算编制规模

从图 6-4 可以看到财政拨款占校经费收入比例为 50% ~ 75% 的高校数量最多，占总体样本高校的 57.6%。而非税收入占校经费收入比例为 25% ~ 50% 的高校数量最多，占总体样本高校的 60.6%。从图 6-5 可以看到预算规模在 1 ~ 3 亿的高校的比例最高，占样本高校的 45.5%。

第二节　高校全面预算绩效管理实施中的突出问题

通过对样本高校是否制定本校实施全面预算绩效管理的相关规章制度、是否单独成立组织实施全面预算绩效管理工作的机构或小组以及是否根据自身战略发展设置绩效目标三个方面开展调查分析。通过统计相关数据可以看到，66.7% 的高校建立了全面预算绩效管理的规章，54.5% 的高校未成立实施开展全面预算绩效管理的相关机构和工作小组，同时也未根据自身战略发展设置相关绩效指标。

一、未实行高校预算收支全覆盖 缺乏预算绩效执行

监督全面预算管理的实施要求高校将预算收支全部纳入绩效管理，将全过程管理贯穿到高校的全部收支。高校是预算编制与执行的实施主体，样本高校中有 57.6% 的高校未将全部资金来源纳入预算绩效管理，72.3% 的高校未将后勤集团、校医院等附属机构收入纳入预算绩效管理范围。全面性要求不但要包含财政资金，还要包括其他来源资金，同时要重点关注高校核心职能的重大决策和项目。42.4% 的样本高校未建立预算执行实时监督机制，预算执行缺乏监督。

二、高校预算管理信息系统化建设不到位

目前，包括教务、科研、人事及学生管理等部门均有各自的数据填报统计系统，这些数据都与预算有着紧密联系，一方面这些数据的填报口径、标准均是按照自身需要录入采集，财务处在获取这类数据时需重新进行分类整理确认，容易导致数据信息不准确；另一方面，往往这一类数据需要时时更新，财务部门需联系相关部门合作，财务工作效率不高。

预算绩效管理大数据技术平台建设方面,对样本高校的分析发现未推进信息化建设的占 21.2%,信息化程度低的占 21.2%,信息化程度一般的占 51.5%,信息化程度高的占 6%。

三、全面预算绩效管理考核指标不明确,可应用性不强

39.4% 的样本高校对基本资金和专项资金建立了绩效评价体系,30.3% 的样本高校将预算绩效评估结果作为各个部门下拨与分配资金的依据,21.2% 的样本高校对预算绩效评估结果好(差)的部门或个人给予激励(责任追究),36.4% 的样本高校未设定预算绩效评价目标或是预算绩效考核指标,48.5% 的样本高校预算绩效评价指标并不能符合高校自身特点,75.8% 的样本高校认为全面预算绩效评估结果会影响该校以后年度预算编制。

同时,72.7% 的样本高校认为高校是全面预算绩效管理的实施主体,高校通过提交自评数据给上级财政部门,这些数据的来源来自高校自身,该数据缺乏真实性和可靠性,以预期绩效目标(定量描述)"学生满意度"这项指标来看,被测评主体的样本空间有限,该项指标可能存在为了应付调查而出现虚假申报情况。

四、当前高校预算绩效管理中缺乏整体性

高校开展部门整体绩效主要有以下两种方式:第一种方式是财政部门对高校开展的单位整体绩效评价,各级财政机关中预算口内设的绩效评价或管理机构。以辽宁省属高校为例,报送中央财政支持地方高校改革发展资金项目,需要向辽宁省财政厅教科文处和辽宁省教育厅财务审计处申报单位整体绩效以及项目绩效表。第二种方式是上级主管部门开展的高校绩效管理考核,如辽宁省教育厅 2017 年 11 月发布的《辽宁省高等学校一流学科建设项目绩效考核办法(试行)》以及《高等学校绩效管理评价体系》,以上两种形式都是关注到高校层面的整体产出和效果,都是涉及办学水平、内涵建设、人才培养等方面,但是考核的实施

主体、时间、目的存在差异,绩效评价的指标体系和标准体系也存在差异。从时间上看,高校的预算绩效管理周期从上年的第四季度到当年的第四季度,而业务绩效管理周期从当年的第一季度到当年的第四季度。从评价内容上看,业务绩效主要侧重办学水平、社会满意度等方面的情况,而预算绩效管理侧重投入的资金以及资产所产生的效率和效果。在具体实务中,两项管理处于一种脱离状态。在高校推动该项管理工作上,前者主要是高校的党委办公室等综合部门推动,而预算绩效管理则是由财务部门推动。由此可见,目前高校绩效管理中存在多头管理,工作定位不清,绩效目标设计的针对性不足,而高校的整体绩效固有的"整体性"被拆散,《意见》指出部门整体支出绩效评级不仅仅是原来管理领域的拓展,而是将整个部门的各个业务管理和人事管理综合统筹起来。

第七章

我国高等学校预算绩效
审计制度及实践

　　进入新时代以来,随着我国高等教育事业的进一步深化改革,高等学校在双一流学科建设、基础设施建设、异地办学、举办附属医院和学校等方面蓬勃发展。随着高等学校科研办学能力的逐步提升,校区建设的异地布局,附属非主业行业的多点开花,高校财务管理工作面临更加庞大的体量和更加复杂的局面。在实际管理中,加强高等学校预算管理的科学性和系统性,利用国家审计、社会事务所审计及高校内部审计监督力量,督促高等学校进一步增强合规意识,发挥审计监督的"治已病,防未病"功能,是提高高等学校综合竞争力,推进高校经济工作保障教学科研工作和谐共同发展的有效途径。

第一节　我国高等学校预算绩效审计制度概述

　　当前,国家审计对高等学校审计主要侧重于高校党委领导人的经济责任审计、高等学校年度预算执行审计、高校债务审计、基建审计等专项审计和重大政策跟踪审计等方面。无论是哪种审计项目,绩效审计均是重中之重,侧重绩效,即在等量教育经费投入的基础上,最大程度提高其使用的规范性和有效性,对于提高高等学校预算管理水平,促进高等学校资源优化配置意义重大。

一、开展高等学校预算绩效审计的必要性

　　(1)预算绩效审计是确保"双一流"学科建设的重要环节。

　　进入新时代以来,我国高等教育从 211 工程和 985 工程建设转变为"双一流"高校和学科建设。教育经费投入的基础上,最大程度提高其使用的规范性和有效性,对于提高高等学校预算管理水平,促进高等学校资源优化配置意义重大。

　　(2)预算绩效审计既是预算执行科学性的必然要求,又是高质量审计的重要内容。

我国行政事业单位实施全面预算绩效管理以来,预算执行的绩效成为政策实施的重中之重,也是检验政策执行效果的最重要指标。能否发挥绩效管理政策的初衷,实现财政资金以最小支出实现最大化收益的目的,关键要有能够衡量的尺子。必须建立一套可以衡量全面预算绩效管理制度的评价体系,而将预算绩效审计结果纳入该套评价体系是将来的探索方向之一。当前,无论国家审计还是内部审计,绩效审计内容均被十分看重,成为各审计项目的重要内容。在此背景下,高校预算绩效审计也面临较大的发展空间和良好的发展机遇。

二、高等学校预算绩效审计的现状

当前,国内高等学校预算绩效审计整体开展起步比欧美高校较晚,预算绩效评价体系的建立不够完善,教研人员甚至高校财经工作人员对预算绩效的重视程度不够,种种被审计对象的基础不足显现出预算绩效审计的先天土壤不够肥沃。结合当前国内预算绩效审计的发展现状来看,国家审计在高等学校预算绩效审计方面的关注内容较少、监管较为薄弱,内部审计监督存在力度不够,社会审计存在体制机制掣肘等导致预算绩效审计实践发展较慢。

（1）国家审计对高等学校预算绩效审计监督无法实现"全覆盖"。

一方面,由于国家审计监督力量有限,只能采取紧盯重点人、重点事。对教育部直属高校、双一流建设高校等教育专项资金拨付量大的高校给予了重点关注,特别是中央审计委员会成立以来,国家审计提出了某一阶段内的分行业分区域的全覆盖,因此对重点高等学校基本实现了党政领导人员经济责任审计或是年度预算绩效审计等不同方式的全覆盖。但同时,限于我国地域广、高校数量多、教育资金体量大的制约,对部分非重点高等学校、非重点学科等地方性学校或办学规模较小的专科性学院等高等学校的审计监督力度有限,在此类高校开展预算绩效审计的力度较为薄弱。

现实审计实践中,上级审计机关很难系统地对省属高校、市属高校等单位直接全面实施审计监督,该类高校的预算绩效审计依赖于本级审计机关的监督,受限于审计人员业务能力,审计监督频率和力度以及本级审计机关的独立性等因素,预算审计一般揭示的均为常规性预算执行问题。很难将预算绩效审计提高到较为系统和科学的水平进行监督,也就对预算绩效的实施效果打了折扣。

（2）高等学校内部审计监督受限较为严重,绩效审计发展不均衡。

长期以来,高等学校内部审计监督部门发展从无到有,从小到大已逐步规范化和体制化。得益于内部审计的快速发展,高等学校内审部门已成为监督财政资金使用的重要力量。当前,国内高校内部审计对预算绩效审计开展监督的力度发展较为不均衡。主要体现在高等学校党委负责人对预算实施的重视程度和对内部审计监督力量发挥的重视程度。高等学校党委或行政负责人对内部审计能够高度重视,通过建立机制,配合人员、优化审计计划和流程、完善内部审计监督体制机制等手段,可以实现对高等学校预算执行情况和预算绩效的有效监督。反之,一旦内部高等学校党委或行政负责人对内部审计监督不够重视,内部审计监督部门无法有效开展经济监督,也就无从谈起对预算执行情况,特别是预算绩效情况的监督。

（3）社会审计对高等学校预算绩效开展审计的力度偏弱。

当前审计实践中,只有特定事项或特定专项资金的审计会存在高等学校外聘社会审计机构对其进行审计的情况,社会审计参与高等学校审计的力度偏弱。主要原因是从高等学校自身来讲,不愿意接受外部社会审计的监督,不仅要查出自身存在的问题还需要支付相应的审计服务费用;从高等学校专项科研资金的角度来讲,部分重大突破性技术,部分科研前线技术或涉及国家安全等军工技术均存在一定范围的保密要求,不适于外聘社会审计监督;从社会审计监督的角度来看,服务于高等学校与服务于企业相比,性价比较小,按资金拨付量计价收费的话收益较小。

（4）高等学校预算绩效审计的标准体系不够科学完善。

开展预算绩效审计,最为关键的内容是建立科学完善的绩效审计评价标准,即能够科学、全面、有效地对预算执行情况进行反映,同时评价过程具有可操作性强、受人为因素干扰少、主要指标均可量化等要求,评价结果要既能反映预算执行中存在的问题,又能反映出预算执行中存在的体制机制障碍或是制度漏洞。预算绩效审计的评价标准,同其他项目后评价制度一样,最根本的就是要回答绩效如何的问题。虽然我国全面预算绩效审计已开展多年,高校领域的预算绩效审计实践也取得了较好的发展,但是最为关键的环节是预算绩效的标准体系不够科学,造成具体实践中无法量化式、科学式评价,一定程度上也影响了预算绩效审计的权威性和科学性。

由此可见,高等学校预算绩效审计面临诸多困境,绩效审计内容未能引起高校主要负责人重视,绩效审计从业人员审计力量不足,业务能力不够,绩效审计标准体系不完善,依据不够科学。

第二节　我国高等学校预算绩效审计内容

一、高校党委领导人的经济责任审计中的绩效审计

高校党政负责人的经济责任审计,除了需要重点关注"经济性、效率性、有效性"外,还需要十分注重"合规性",需要对高校领导人员进行准确的经济评价。区别于传统项目审计中对项目建设和资金使用情况的合规性审计,绩效审计重点是通过合规性审查来核实绩效发挥情况,用合规性审查来进行整体内部经济事项管控的评价。

(1)绩效审计中更加注重审查重大经济决策项目规划的统领作用,从科学性和可行性及必要性上解除高校投资项目效益发挥的掣肘。

高校领导人员经济事项除了日常人员经费项目就是其他业务类投资项目。无论是科研项目还是固定资产建设项目,规划是项目建设的根本性指导,务必加强对高校项目规划的审计,从项目立项选址的前瞻性、科学性和协调性,从项目实施的可行性、科学性和必要性等方面入手,预防影响项目落地的各种问题,为基建项目绩效发挥奠定规划基础。

(2)聚焦影响项目建设进度的原因,精准提出推动进展建议,促进财政资金效益发挥。

建设和资金管理是高校项目建设实施的基本过程,最根本效益即是发挥稳投资的带动作用。重点关注项目投资完成进度,并对影响进度的原因进行深入分析,消除阻碍工程建设的资金、程序或协调上的因素,在审计权限范围内,有针对性地提出加快项目落地、及时发挥重大高校项目有效带动稳投资作用和尽快发挥财政资金绩效的宏观管理建议。与之前的 211 和 985 工程建设一样,双一流学科和高校的建设同样要注重项目绩效,最终的绩效评价要侧重资金使用效益、科研产出效益、人才培养效益、学校和国家高等教育形象效益的有机统一。

（3）加强影响高校项目建设外部环境的审查,推动改善和优化营商投资环境。

高校经济责任审计中,应加强分析影响高校建设项目效益发挥的外部环境和外部政策,检查监督政府教育部门和高等学校在项目立项决策、组织实施和运营维护中的履职尽责及贯彻国家重大政策落实情况,推动高校基建项目决策水平和管理水平,通过改善和优化营商环境,保证项目运行效果,充分释放市场在高校项目绩效发挥中的作用,同时从高校教育环境和科研环境、基础设施建设环境和学术氛围、国家政策落实执行和营商环境建设等方面进行统筹评价。

二、高等学校年度预算执行审计中的绩效审计

预算执行绩效审计是国家审计对机关和事业单位进行经济年度监督的必然要求,特别是在现代国家审计对于自身"免疫系统"功能的发挥上有重要作用,也符合国际现代化审计的最新发展方向。预算执行绩效审计的根本是预算执行情况,即追踪资金的运行轨迹,从资金的绩效、配置、管理方面,结合被审计单位的法定职责进行综合评价。高校同其他行政事业单位一样,也会按照预算年度进行阶段性预算执行审计,在此类阶段性审计中,要关注本预算周期内的绩效发挥情况,同时,财务收支的真实性审计作为预算执行审计的重点就体现出来了。

党的十九大提出加快建立现代财政制度,要求建立全面规范透明、标准科学、约束有力的预算制度,全面实施绩效管理。财政资金绩效管

理事关我国的现代财政制度建立、公共服务质量和水平、政府职责履行以及全体人民的获得感、幸福感和满意度。财政资金绩效审计更应坚持"国之大者",坚持以人民为中心,根据国家相关政策对全部财政资金的绩效进行科学、完善、全面、准确的监督和评价,具体来说,至少包括在考虑资金的数量、质量、成本的基础上,审计资金所产生的经济效益、社会效益、可持续发展效益等,从而促进财政资金在教育领域的合理分配、安全使用和高效规范。

具体从审计关注目标及内容上说,应把握以下重点:把绩效审计贯穿预算执行情况审计全过程,探讨预算编制和预算执行是否与整体财政预算规模和年度重点任务相结合;对规模较大的专项资金沿着资金流向轨迹进行全面审计,做到绩效审计监督的一追到底;统筹考虑存量资金处理情况,统筹安排还是予以收回,存在结余是否代表资金效益未能发挥;同时与国家重大政策、防范化解各类风险、疫情期间的减税降费等最新政策和重大战略进行匹配。高校预算执行审计过程中,作为年度预算执行情况的绩效,应关注以下方面。

（1）年度预算编制确定的政策目标设定和完成。

即财政资金绩效目标的设定、审核、批复和调整情况,绩效管理的流程,绩效结果的应用情况。这既是财政资金绩效管理的整体链条,也是审计的首要关注点。绩效目标设定上应关注是否符合党中央、国务院的决策部署和国家法律法规要求;是否符合教育主管部门职责、发展规划;是否符合中央和地方事权与支出责任划分的有关规定和专项资金管理规定,目标设定是否完整、科学、相关、可行。绩效管理流程上应关注财政部门和其他相关主管部门是否切实开展绩效监控、绩效评价。绩效结果应用上,应关注绩效评价是否与以后年度的资金安排、激励政策相挂钩;是否与绩效问责整改相挂钩。

（2）关注年度内预算资金全口径的使用和管理情况。

即财政资金的经济性、预算安排情况、分配情况、使用情况和管理情况。具体包括预算安排是否规范;资金分配是否符合绩效目标设定,是否体现绩效结果;资金拨付是否及时,支出进度是否合理,是否存在结存较大、拨付较慢影响绩效目标实现的情况;资金支出方向是否符合相关法律规定,是否偏离绩效目标;资金使用是否存在骗取套取、损失浪费等违法违规问题。通过对数量、质量、实效和成本的审查评估,掌握高校年度预算内的财政资金的产出情况。

（3）预算年度内投资项目建设和效益情况。

即财政资金应用项目的建设完成情况和产生的效益情况。项目建设方面具体包括项目是否按照绩效目标要求、实施方案和规划等实施,建设内容是否真实、合规,是否存在因论证不充分、组织不力、决策不当等导致的未按期开完工、已建成设施运行不正常或未达到设计目标等问题。项目产生的效益方面,尤其应注意,财政部门和教育主管部门的绩效自评或第三方的绩效评价仅能作为参考,具体工作中应采取对比分析、分析性复核、实地走访和利用外部专家等方式科学评价效益指标。

三、重大政策跟踪审计中的绩效审计

政策执行审计较为传统,更加关注的是相关政策的落实效果和进展,就高校预算绩效审计而言,因高校自身职责范畴包括贯彻落实国家重大政策措施情况,所以关注国家重大政策落实本身就是推动高校履职尽责的主要方面,通过政策落实、项目决策、投融资和营商环境的审查,提高项目建设效率,清除影响项目绩效发挥的体制机制障碍。

（1）关注具体政策的执行和落实情况。

例如,关注高校基建工程项目中对国家投融资体制改革落实情况。资本金筹措的合规性,关注是否存在基建工程增加地方政府隐性债务和融资风险等问题,同时关注是否存在过度融资增加财务成本、超进度拨付资金造成资金使用效率低或地方配套资金未到位等情况,促进规范有效投资,防范高校债务风险。关注项目决策过程是否符合相关政策要求。投资决策审计是定性分析,主要审查项目立项决策是否符合国家宏观产业政策、教育行业规划及高校所属地区专项规划;分析项目资金绩效管理目标是否科学合理,项目立项决策依据是否充分、适当,是否符合财政资金投向的相关规定;经济技术可行性研究报告的深度是否足够,对影响项目建设的风险因素考虑是否全面。

（2）政策落实重效益如何。

即对效益发挥和目标实现情况进行审查是绩效审计的重点和特色，常规工程审计侧重项目的政策目标和建设目标的实现情况，高校基建绩效审计要综合审查项目的经济效益、教育效益和生态环保效益的全面综合发挥情况。一是关注项目直接经济效益。经济效益是衡量财政资金使用绩效的最直接标准，高校基建工程初步设计概算中会提出项目实施的相关财务、经济指标，并预测其经济可行性，如项目融资能力、债务风险承受能力、投资回收期及获利能力、财务净现值等财务专业指标，经济效益审计可从项目现状与初步设计对比分析入手，通过定量指标核实其直接经济指标实现情况以及其他工程附加值的实现情况。二是关注项目的教育综合效益。高校基建工程项目多是高校硬件建设的基础性项目，项目使命包括促进高等教育事业快速发展、完善平衡教育基础设施分布、解决教学和改善师生科研及教学条件、增强防灾减灾能力等方面，具体实施中可通过统计调研、实地查访、利用监管部门监督检查结果和第三方评估结果等手段进行分析。三是关注项目自然资源及生态环境效益。环境影响评价和环保水保措施"三同时"等制度确保了高校基建工程项目建设实施对高校师生人居生态环境的影响，对项目生态效益进行审计，主要审查项目对环保措施的执行情况，通过项目对资源的消耗与利用情况，定量分析是否实现资源的集约节约利用，通过对环保法规、政策和标准执行情况，环保治理和污染物防治措施的落实情况，审查其生态环保效益。

四、高校基建审计中的绩效审计

高校基建审计是高校内部审计和国家审计对高校监督的重要方面，同样因绩效审计是当前审计行业发展的热门趋势和方向，学术界对绩效审计的理论研究不断丰富和深入，但实施全面预算绩效管理以来，高校基建工程领域绩效审计体系方面的总结研究较少。高校基建工程支出作为财政资金支出的重要方向，对其进行绩效审计是财政资金绩效评价的重要组成部分，也是建设工程精细化、科学化管理的要求。以下基于对高校基建工程绩效审计实践的总结,统筹绩效审计和高校基建工程审计内容,从高校基建工程审计的重点内容上探索全面实施预算绩效管理背景下优化高校基建工程绩效审计的路径。

（一）高校基建绩效审计的基础

首先,高校基建绩效审计的基本定义需明确。绩效是指在一定的资源、条件和环境下,某组织对目标实现程度及完成任务的效率,同理,高校基建绩效可以理解为高校基本建设项目支出一定的财政资金,高等学校通过组织实施项目后,对工程建设任务及建设目标的实现情况。高校基建绩效审计就是对工程全过程建设中的经济性、效益性和效果性所进行的审计,是更加侧重效益性的审计。经济性即项目建成投用所支出的资金最少,效率性即一定时期内工程建设得到的投资带动作用和资金产出最大,效果性即工程建设预期目标得以尽快实现。因此,高校基建领域绩效审计应当从高校基建工程投资立项、资金筹集使用、工程管理和项目投资效益发挥等方面进行效率性审查,并提出合理化改进建议。

其次,需要明确开展高校基建绩效审计的意义。虽然中央财政资金投入的政府建设项目中,已预先设定项目绩效目标,重视了资金管理使用和项目的建设管理,但是教育部门及高校投资的大量建设项目仍仅侧重前期支出,忽视后期管理养护,忽视项目的经济效益、生态效益和教育效益的综合发挥。开展高校基建绩效审计,更加注重审查资金投入与产出是否符合效益最大最优原则,以及高校基建工程的管理规范性情况以及高校基建工程建设过程中国家重大政策的落实情况,既能解决当前高校基建工程建设中存在的问题,又是发挥高校内部审计监督效能的必然要求。

再次,当前高校基建审计中对绩效审计的研究体系尚未完善。总体来看,高校基建领域的绩效审计还没有系统性、科学性和指导性的理论体系,如绩效审计目标设置不够明确、清晰,绩效审计指标不细化,未能对项目预期产出和效果进行全面、充分、恰当的反映;对教育效益缺少评价和审查,缺少满意度评价等相关指标;绩效审计与高校预算执行审计或高校领导干部经济责任审计等统筹协调不够等。

（二）高校基建绩效审计的关注内容和重点

一是通过工程初步设计概算定量分析项目的经济效益。通过关注概算编制是否完整、合理，或概算编制深度不够等技术性问题，采用投资额分析法或单位造价分析等定量分析其经济性。同时需要分析项目建成形成资产后运行维护的经济性，运行管理体制能否满足项目效益发挥的需要，确保项目效益的可持续发挥。

二是通过项目建设工期分析，关注项目效益发挥的及时性。高校基建工程能否按时建设投产是影响项目效益发挥的最重要因素，项目建成投入使用后才能够产生效益，在目前项目融资成本较高、建筑材料成本逐年上升的形势下关注项目是否按期完成建设内容是保证项目整体经济效益的关键环节，可以通过对影响项目工期的原因进行深层次分析，提出精准审计建议，推动及时实现其预期经济效益。

三是通过建设管理规范性来核查工程质量效果。高校基建工程建设管理的规范性是建设质量有保证的基础，核实项目实施过程中项目法人制、招标投标管理制等管理制度是确保项目绩效发挥的关键环节。通过设备采购、招标投标、施工组织、管理过程、竣工验收等内部控制情况，重点关注高校和施工单位履职尽责以及质量把控环节，同时，可以依据工程建设规范和国家标准进行工程质量的定量分析，通过项目质量达标，夯实项目发挥效益的工程基础。

四是通过资金拨付情况核实资金使用效益。我国高等教育的发展阶段决定了当前高等教育财政支出的重点是高校基建工程建设，因此对高校基建工程效益进行审计是财政绩效审计的重要组成部分。在财政资金尽可能节约的情况下，通过资金的拨付和到位是否与工程建设进度匹配、是否存在资金闲置或融资成本高等情况来明确资金使用效率。加强财务资料的大数据分析，通过对资金管理、分配拨付渠道，支出方向和范围等的数据分析，检查是否精打细算和是否存在损失浪费情况，确保财政资金使用效益。

第三节 我国高等学校绩效审计实践发展方向

一、审计全覆盖的思考及方向

审计全覆盖理念在高等学校绩效审计中的体现就是如何对全方位、全过程、全覆盖的预算绩效管理体系进行审计监督。审计监督的边界和范围取决于被审计对象的边界和范围。具体到高等学校绩效审计来讲，不仅仅是传统教学科研专项经费的使用监督，而且是从预算绩效方案和计划编制的科学性、合理性和可操作性方面开始，追踪资金流，以资金流向为方向，以教学科研项目为载体，贯穿高等学校整个财经管理的全过程。

首先，体制机制上，建立健全绩效审计制度。在氛围上，形成人人重视绩的高质量发展氛围，树立花钱必求效果的效率意识。有效推动高校外部和内部审计项目的上下联动，同时横向整合现有重大政策落实跟踪审计、自然资源资产离任审计、高校领导干部经济责任审计、社会保障审计等项目，以功能全面的绩效审计为基础，通过系统梳理和优化科学组织审计工作的现场管理和各个环节，最终达成绩效审计的最佳目标，整合取得的各项审计结果，提出优化高校管理的对策建议。通过审计高校部门战略规划程序，识别各管理部门间的关键风险，确定潜在的绩效审计范围；通过项目间财务审计、绩效审计和其他审计识别具体风险，关注项目规划情况及国家新政策走向；关注其他国内外相关审计项目情况，确定可行的绩效审计项目。

其次，积极利用大数据审计等信息技术，提高绩效审计能力。充分利用 IT 技术，在审计信息收集、审计数据分析、审计人员沟通、审计结果提炼和审计结果运用等方面，引入最新技术，大大增强了绩效审计能力。充分利用信息通信技术，构建灵活、互动和关联的审计工作环境，支持审计工作的核心分析能力，提高审计工作能力和效率。通过提升审计的效率来提高绩效审计作用的发挥。

再次,人力资源配置上,充分发挥高等学校内部审计的主观能动性。比如在高校内审机构中成立绩效审计部门,能够迅速组建审计队伍,配备多学科、多技能、有工作经历与专业背景的绩效审计人员,包括新引进外部人才,并分成不同审计组,夯实内部审计的绩效审计基础。通过审计队伍的高质量建设来拓展绩效审计内容,深化监督领域。国家审计可以作为指导机关,通过发布相关高校绩效审计的行业审计指南和工作组织方案,引导和帮助高校内部审计工作中高效、科学构建绩效内部审计的新框架,审查这些操作指南与说明的科学性、效果性,助力高校管理治理绩效问责。

二、聚焦绩效评价体系,坚持突出绩效的重点地位

目前,我国绩效审计中最薄弱的环节就是当前建立的评价标准和评价指标体系不够科学和完善。作为被审计对象,各个行业都有各自的评价指标或国标的技术标准,这些与世界最新标准和体系也进行了有效衔接,但是在审计机关需要对其进行绩效评价时,因为现场审计时间、审计技术条件、隔行如隔山的专业限制等因素导致审计人员对该行业的情况不够熟悉,往往难以建立合适的评价指标。因此审计机关需要建立统一的、完善的、涵盖各行业的绩效审计评价标准或评价指标库,并依据不同行业、不同地区、不同被审计对象的特点发布特别对应的指标体系。比如在建立基础指标的基础上,针对不同的对象建立不同标准的系数。同时注意动态调整,注意通过研究绩效审计的创新的技术方法,吸收国内外、不同行业绩效审计工作方式的优点,避免其在审计现场组织和管理、审计结论得出和审计结果公告等方面的经验教训,结合我国高校管理和运行的具体实际,积极探索绩效审计实践,通过不断积累经验,提炼总结和探索研究具有中国特色社会主义的高校绩效审计方法和指标评价体系,促进绩效审计评价在高校领域能够顺利开展。

三、重视绩效审计整改工作,促进审计高质量发展

编制整改建议指南,可为公共部门主管部门和具体管理者提供一定的参考和更好的实务指导,促进公共部门切实改进管理。分行业、分部门、分单位系统研究已取得的审计结果,总结问题产生以及整改不到位的原因,以此为基础尝试编制整改建议指南。具体内容可包括公共部门行为范围、行为标准、管理规范、管理标准、自我完善情况等。可在各单位制定和修订自身内部管理规定的同时,把整改建议指南相关内容作为参考标准,用于构建单位绩效评估框架。根据经济社会改革情况、被审计单位工作情况以及审计结果,定期更新整改建议指南,为绩效审计的顺利开展和成果利用奠定基础,切实解决屡审屡犯问题。

第八章

高等学校全面预算绩效
管理实施建议

教育是一个复杂多元化体系,我国高校有不同的教育方式类别、分类体系和类型,有部属、省属、市属等类别之分,有混合性和综合性之分,对高校绩效评估是一项复杂和具有挑战性的工作,评价投入和产出时,有毕业生人数、科研成果等可以量化的指标,还有一些如教育价值和教育公平等难以测量的产出,在指标选择上要既考虑个性化又要考虑共性,目前我国高校采用"基数法"编报预算,由于绩效指标的选择和设计是一个逐步完善的过程,只能反映高校办学活动中的某些信息。辽宁省财政厅 2019 年通过开展试点,设置了 2000 余条共性和个性绩效指标。

受到国家的政治管理体制以及预算决策机制等因素的影响,预算绩效的评价结果的应用在世界范围内仍然是个难解之题,根据美国绩效预算,美国国会和总统对项目进行资助决策时,将绩效视为一个关键性因素,而不是完全依赖于绩效评估结果。辽宁省财政厅出台的《关于印发辽宁省省级预算绩效管理实施细则(试行)的通知》(辽财绩〔2019〕350 号)文件,绩效监控结果将作为调整当年预算和安排下年预算的重要依据,对执行到期没有继续实施的必要性和可行性的项目就不再安排预算,根据绩效结果进行结构性调整,压低效补高效,突出资金绩效。政府部门要辩证地利用绩效评估结果,要充分调动起绩效管理中高校的积极性,使"要我有绩效"向"我要有绩效"的方向转变,使其发挥激励高校不断改进优化的目的。

第一节　以预算为引领 推进高校整体
绩效管理制度化建设

一是根据意大利等国家的绩效预算的实践经验,可以看出其非常重视预算绩效法律制度建设,例如《政府绩效与成果法案》,法律的完善和有效执行是改革成功的关键。我国要实施全面预算绩效管理,虽然在

2015 年新的《预算法》中明确了"勤俭节约、讲求绩效",但《预算法实施条例》尚未出台,《预算监督条例》及《政府审计条例》也还没有修订完善,需将绩效预算纳入《预算法》以及相关的配套法律制度,使绩效预算改革和推进有法可依。通过政府会计制度改革,使责权发生制会计更好地应用在高校会计核算中,准确反映一定时期的资源消耗成本,为绩效评估提供准确的基本数据支撑。

二是我国部门预算改革推行以来,包括辽宁省在内的一部分高校,省财政要求实施"滚动项目库管理",实施"项目绩效预算",从具体的项目进行效益考核,可通过试点方式稳步推进,总结好的经验,并宣传推广。绩效评价上考虑各个高校综合实力和不同发展阶段,从项目绩效评价逐步扩大范围到高校整体绩效评价,可以采用"优值比较法",该方法对高校绩效评价进行动态和相对性分析,在不同的年份中,对绩效得分最好的高校赋值为 1,其他高校的绩效指数置换为 0 ~ 1,通过对比高校可以发现差距,动态地进行比较,这种方法下高校处于自我超越以及超越其他高校的绩效改进中,而参与评价是高校发现自身在资源配置、内部管理中存在问题的过程,也是办学活动中进行的自我审视、改进和发展的过程,最终实现资源的优化配置。

三是对高校实施预算和绩效进行"双监控"。高校对绩效目标的实现程度以及预算的执行进度实行"双监控",对高校实施预算和绩效进行"双监控"。在预算执行中强化执行监督,明确政府财政部门、高校、审计部门和第三方中介机构的职责,发挥内部审计和外部审计的联动机制,高校的纪检检查部门以及高校内部审计部门对各部门预算绩效管理情况开展审计监督,高校要完善内部控制,建立内部审计和内控信息报告制度,对项目的绩效执行情况进行实时监控,通过绩效监控发现预算编制和执行环节中存在的问题,形成预算执行的监督合力,提高预算执行效率。

在预算执行过程中,预算管理委员会要及时与各个部门沟通,应及时了解并征求他们对于预算的意见和建议,分析预算执行结果,对控制指标进行偏差分析时,对高校所处的内外部环境因素进行分析,对具体的因素和指标进行关注,确立改进方向,所应采取的具体措施是什么,具体到由哪个部门来配合、工作职责、对应的人和工作流程。深入挖掘背后产生的原因,并进行数据分析,对不同类型的偏差,对不同层次的管理者及时发出预警信息,制定不同层次管理改进措施,并实施跟踪机制。将预算资金的使用与预算执行相结合,将实施结果与预算实施过程相联系。建立健全绩效考核结果应用机制,财政部门将绩效监控和评价结果作为以后年度预算的重要依据,优先保障绩效好的项目,督促整改绩效一般的项目,对低效无效的项目一律削减或调整项目。在决算环节,要按照绩效目标的完成情况,高校要开展自评,并将评价结果报送本级财政部门,财政部门组织开展抽查和再评价工作。财政部门对高校预算绩效管理工作情况进行考核。

第二节　明确各方责任 增强责任意识

一是以预算为引领,构建高校整体绩效管理制度化建设。从全面实施预算绩效管理的视角提出高等学校整体绩效管理的实现路径,提出了实现高等学校整体绩效管理的全新视角,拓展了高等学校实现整体绩效管理的研究领域,提出了高等学校整体绩效管理的路径。围绕高校整体绩效管理的主要内容和基本环节,对高校多种绩效管理形式进行整合,删减交叉重叠的考核评估。建立高校预算绩效管理责任体系。高校一把手要高度重视并给予大力支持,明确各部门负责人承担的责任和义务。将全口径预算收支纳入绩效管理,将全过程管理纳入高校的收支范围,特别是高校后勤集团以及校属医院等部门的收支要全部纳入预算绩效管理。根据高校整体绩效管理要求,整合当前高校中存在的多种绩效管理形式,删除重复和交叉环节的绩效考核。建立覆盖高校整个部门的绩效目标、绩效监控、绩效评价、绩效结果应用的各个环节。

二是组织和开展制定高校预算绩效管理实施办法,优化预算管理流程,完善内部控制制度,加强财务与教学科研工作的衔接,明确责任分工,对绩效结果的真实性负责。建立高校预算绩效管理责任体系,高校对绩效考核结果好的部门及个人给予奖励,并作为下一年的预算下拨与分配资金的依据,并对绩效评估结果差的单位进行责任追究。加强预算绩效管理责任约束,高校主要负责同志对本单位预算绩效负责,项目责任人对项目预算绩效负责,对重大项目的责任人实行绩效终身负责追究制。

三是高校一把手要高度重视并给予大力支持,明确各部门负责人承担的责任和义务。整体绩效管理要求各个高校负责人、业务部门以及各个职能部门的负责人参与其中。整体绩效管理不单是财务部门或是个别部门的事,高校整体绩效管理是全员参与的管理方式,基础的相关信息来自各个部门,各个部门的参与才能使预算目标和指标体系设置得完整、合理和科学,提高预算编制的准确率。

四是推动建立部门之间的协调机制,实现各部门之间信息共享。建立高校业务、财务、资产等的管理信息系统,建立工作协同机制。明晰高校整体绩效管理的权责,以预算为抓手,做好事前评估和绩效计划,将高校各工作流程充分融合。确保横向和纵向的信息流通,有利于实现高校整体预算管理的全面性和准确性。

五是高校自身开展围绕整体战略目标,从高校内部运行效率、履职尽责以及社会满意度等方面开展自评,不断推进自评的覆盖范围,按照评价指标体系,按照优良中差四个级别打分。

六是各级财政部门对高校学校开展抽查和复评工作,并根据评价结果与下一年度的预算安排挂钩。强化高校绩效管理的主体责任,发挥激励和约束机制。逐步开展对高校整体绩效评价,建立高校内部监督管理部门,发挥高校内部绩效审计的作用,并将绩效审计的结果作为高校领导干部经济责任审计的范围中。加强绩效审计,自觉接受审计监督,逐步将审计结果纳入高校领导干部的经济责任审计范围。建立高校绩效评价专家库,培养第三方机构参与绩效评价,逐步形成多元主体共同参与的协同治理格局,以教育主管部门为依托,整合人力资源,建立高校绩效评价中心,建立高校分层次的项目库、指标库和标准库等基本数据库,并进行实时动态管理。

第三节 加强顶层设计 完善绩效考核指标

要将全口径预算收支纳入绩效管理,将全过程管理纳入高校的收支范围,特别是高校后勤集团以及校属医院等部门的收支要全部纳入预算绩效管理。目前处于探索和总结经验阶段,高校要通过探索建立数据平台等方式,增强评价指标的可操作性,对绩效指标进行科学论证,增强数据支撑,按照阶段性效果和实施步骤设定阶段性目标,对支出项目评价指标进行分类,合理评估项目的短期和长期效益,规范预算绩效组织程序,创新评价方法,构建和完善适合高校绩效评价指标体系。

一是高校根据自身情况科学制定发展战略规划,要将高校的发展战略设定成定性和定量的战略目标,全面设置高校整体绩效目标、政策和项目绩效目标,使绩效目标与高校战略发展目标有机衔接,并细化成高校整体绩效指标、部门绩效指标和个人绩效指标强化预算执行,优化支出结构,绩效目标管理要贯穿预算绩效管理全过程。建立起高校预算绩效监控体系,对是否按照绩效目标实行,绩效目标实行进度与预算执行进度是否匹配进行监控,加强高校各院系对预算编制和绩效管理的参与度,将学科建设和人才培养统筹协调,提高预决算报表质量。完善绩效指标体系,建立覆盖高校整个部门的绩效目标。高等学校根据发展战略编制整体绩效目标指标,并根据自身情况科学制定发展战略规划,绩效指标和标准体系要与高校基本公共服务标准以及预算项目支出标准相匹配,以结果为导向,重点考核实绩。在指标选择上既考虑个性化又要考虑共性问题,科学界定各项衡量指标的含义、权重。逐步建立以定量为主,定量和定性相结合的指标框架,并从衡量高校的社会效益、管理效益和经济效益以及学生满意度等方面展开设置。

二是设置高校绩效指标要符合高校的基本公共服务标准和高校预算项目支出标准,绩效指标和标准体系要与高校基本公共服务标准以及预算项目支出标准相匹配,以结果为导向,重点考核实绩。细化成高校年度目标和部门年度工作目标,落实到具体的工作岗位目标上,建立目标与各项活动之间的对应关系,确保各个部门朝着战略目标行动。使各个部门和员工知道各自的有效目标,实现这个目标的路径分解和行动方案,目标的设定、指标的分解、预算的编制、预算的分析监控、绩效指标的考核和动态调整确保实现高校战略,以结果为导向,将绩效目标和各个项目与活动对应起来,不断完善并实现高校整体绩效管理目标指标的全面性和系统性。

三是省级财政和教育主管部门要结合国家重大发展战略、教育行业发展规划合理设置绩效目标评价指标,讲求科学性、真实性和可靠性。科学界定各项衡量指标的含义、权重。逐步建立以定量为主,定量和定性相结合的指标框架,衡量高校的社会效益、管理效益和经济效益以及学生满意度等方面。财政主管部门要成立专门机构,做好相关协调工作,加强业务指导,做好经费保障。对高校开展相关培训,提高相关人员的专业技能,跟踪指导实施流程,开展试点工作,积累经验,形成一批可复制的设计方案和业务流程。财政主管部门要赋予高校更多管理自主权,高校结合自身战略发展规划建立一套高校绩效指标体系和评价标准。指标评价做到既可以进行高校之间的横向对比,也能实现高校自身的绩效评价。从"学生满意度"这一指标来看,高校和第三方的测量机构测量学生满意度,前者的学生满意度测量结果要高于后者,学生的满意度的衡量指标可以从学科建设、硬件改善等方面转化成对学校各项建设和改善的"反应性"进行衡量。

第四节　完善绩效评价及评估结果的应用

一是要完善绩效评价、建立多层次的绩效评价体系。高校自身围绕整体战略目标,从高校内部运行效率、职责以及社会满意度等方面开展自评。创新评估方法,通过运用成本效益分析法、比较法、因素分析法、公众评判法、标杆管理法来提高绩效评估结果的有效性和客观性。绩效评价上考虑各个高校综合实力和不同发展阶段,从项目绩效评价逐步扩大到高校整体绩效评价,可以采用"优值比较法",该方法对高校绩效评价进行动态和相对性分析,在不同的年份中,对绩效得分最好的高校赋值为 1,其他高校的绩效指数置换为 0 ~ 1,通过对比可以发现差距,动态地进行比较。

二是整合内外部绩效评价体系。促进绩效信息的公开公平,逐步实现绩效目标与整体绩效报告的公开,丰富公开形式,不断拓宽信息公开的广度和深度,搭建社会公众参与绩效管理的途径和平台,推动社会力量有序参与到高校绩效管理中,评估过程中采取公众参与、专家论证、聘请第三方机构独立开展绩效评估等方式。

当前绩效评价主要来自内外部,但是内部评价缺乏客观性,自评分数高,容易受到人为因素影响,缺乏规范化制度化和常态化。

建立专家咨询机制,培育并发挥第三方机构的专业优势,确保执业质量和公信力。自觉接受人大和社会各界的监督,提高高校整体绩效管理对社会公众的透明度,扩大公众参与度,充分吸收各界意见,回应社会关切,增强高校的社会责任感,提高高校培养优秀人才的能力和水平。要通过探索建立专家库和委托外部中介机构等多种形式进行绩效评估,考评部门将更多的工作重心放在绩效评估的应用和决策上。

三是充分依托大数据分析技术,加快推进预算绩效管理信息化建设,整合高校内部信息数据平台。理顺各个部门数据收集、整理、共享以及输出平台,逐步建立全国性的高校绩效信息综合平台,以信息化的手段促进绩效管理改革创新。创新评估方法,充分依托大数据分析技术,逐步建立全国性的高校绩效信息综合平台,以信息化的手段促进绩效管理改革创新,提高绩效评估结果的有效性和客观性,合理利用因素分析法和公众评判法等方面。

四是合理利用预算绩效评价结果。财政部门将绩效监控和评价结果作为以后年度预算的重要依据和参考,形成外部压力,促进高校整体绩效管理水平的逐步提高;财政部门和审计部门构建起内外绩效考评机制,高校整体绩效评价结果纳入高校预算综合考核,形成外部压力,促进高校整体绩效管理水平的逐步提高。各级财政部门对高校自评结果进行抽查复评,将复评结果与下一年度的预算安排挂钩,强化高校绩效管理的主体责任,发挥激励和约束机制。

通过利用绩效评估实现高校各个部门协同效应,高校的政策系统、预算分配、人事奖惩以及组织权责挂钩,协同推进高校整体绩效管理质量。将绩效的评估结果纳入干部年度业绩考核以及作为选拔任用的重要参考。科学利用绩效评估结果,建立健全绩效考核结果应用机制。将预算资金的使用与预算执行相结合,将实施结果与预算实施过程相联系。扩大考评范围,通过探索建立专家库和委托外部中介机构等多种形式进行绩效评估,考评部门将更多的工作重心发在绩效评估的应用和决策上。

附录1:《中华人民共和国预算法》中对实施预算绩效管理的法律依据

第十二条:各级预算应当遵循统筹兼顾、勤俭节约、量力而行、讲求绩效和收支平衡的原则。

第三十二条:各部门、各单位应当按照国务院财政部门制定的政府收支分类科目、预算支出标准和要求,以及绩效目标管理等预算编制规定,根据其依法履行职能和事业发展的需要以及存量资产情况,编制本部门、本单位预算草案。

第五十七条:各级政府、各部门、各单位应当对预算支出情况开展绩效评价。

第七十九条:县级以上各级人民代表大会常务委员会和乡、民族乡、镇人民代表大会对本级决算草案,要重点审查支出政策实施情况和重点支出、重大投资项目资金的使用及绩效情况。

第二十条:绩效评价是指根据设定的绩效目标,依据规范的程序,对预算资金的投入、使用过程、产出和效果进行系统和客观的评价。绩效评价结果应当按照规定作为改进管理和编制以后年度预算的依据。

第五十一条:预算执行中,政府财政部门的主要职责:组织和指导预算资金绩效监控、绩效评价。

第五十三条:预算执行中,各部门、各单位的主要职责:依法组织收入,严格支出管理,实施绩效监控,开展绩效评价,提高资金使用效益。

第七十二条:各级政府财政部门有权监督本级各部门及其所属各单位的预算管理有关工作,对各部门的预算执行情况和绩效进行评价、考核。

附录 2：高校实施全面预算绩效
管理情况调查问卷

一、辽宁省高校全面预算绩效管理现状的调查问卷

为了推进高校实施全面预算绩效管理,现做此项调查,了解全面预算绩效管理在高校中的实施情况,感谢您的支持和配合。

基本信息

1. 按照隶属关系分类,贵校属于哪一类别?

A 部属高校　B 省属高校　C 市属高校　D 民办高校

2. 按照学科性质分类,贵校属于哪一类别?

A 综合类　B 财经类　C 理工类　D 文法类

E 医药类　F 艺术类　G 农林类　H 体育类

I 师范类　K 其他

3. 贵校在职教师人数?

A 1 ~ 500　B 500 ~ 1000　C 1000 ~ 2000　D 2000 以上

4. 贵校在校学人数?

A 1 ~ 1000　B 1000 ~ 5000　C 5000 ~ 10000　D 10000 以上

5. 财务处工作人员共_____人,其中助理会计师_____人,会计师_____人,高级会计师_____人。

6. 财务人员参加在职培训次数?

A 1 次　B 2 次　C 3 次　D 4 次以上

7. 财政拨款(基本拨款)占贵校经费收入比例?

A 0 ~ 25%　B 25% ~ 50%　C 50% ~ 75%　D 75% ~ 100%

8.非税收入占贵校经费收入比例?

A 0 ～ 25%　B 25% ～ 50%　C 50% ～ 75%　D 75% ～ 100%

二、全面预算绩效管理实施情况调查

1.贵校是否制定本校实施全面预算绩效管理的相关规章制度?

A 是　　　B 否

2.贵校是否单独成立组织开展全面预算绩效管理工作的部门或小组?

A 是　　　B 否

3.贵校是否根据自身战略发展设置绩效目标?

A 是　　　B 否

4.贵校是否将全部资金来源纳入预算绩效管理?

A 是　　　B 否

5.贵校是否将后勤集团、校医院等收入纳入预算绩效管?

A 是　　　B 否

6.目前已开展全面预算绩效评价主体?

A 高校　B 财政主管部门　C 社会公众　D 第三方独立机构

7.全面预算绩效评估结果是否影响以后年度预算编制?

A 是　　　B 否

8.现有高校预算绩效评价指标是否符合高校自身特点?

A 是　　　B 否

9.高校内部大数据技术平台建设等信息化管理程度?

A 信息化程度高　B 信息化程度一般　C 信息化程度低　D 未推进信息化建设

10.高校是否设定绩效目标或是绩效考核指标?

A 是　　　B 否

11.高校是否对基本资金和专项资金建立了绩效评价体系?

A 是　　　B 否

若是,预算绩效评估结果是否作为各个部门下拨与分配资金的依据?

A 是　　　B 否

若是,是否对预算绩效评估结果好(差)的部门或个人给予激励(责任追究)?

A 是　　　B 否

12.预算执行中,是否建立预算执行实时监督机制?

A 是　　　B 否

13.您认为高校在全面实施预算绩效管理中存在的突出问题有哪些?＿＿＿＿＿＿＿＿＿＿

三、高校实施全面预算绩效管理的意见和建议

1.您认为目前阻碍实施高校全面实施预算绩效管理的因素有哪些?（多选）

A 领导不重视 B 缺乏专业人员 C 资金不足 D 缺乏政策指导 E 缺乏激励机制

2.您认为高校实施全面预算绩效管理关键是什么?（多选）

A 高校信息化水平建设 B 统一标准的绩效指标体系 C 绩效评估结果与高校预算拨款挂钩　D 绩效评估结果与人员业绩评价挂钩 E 其他

＿＿＿＿＿＿＿＿＿＿＿＿＿＿＿＿

感谢您的配合

参考文献

中文参考文献

[1] 白景明. 新意义、新目标、新制度、新要求：把全面实施预算绩效管理落到实处 [J]. 中国财政, 2019（10）: 8-13.

[2] 常丽. 绩效预算改革与政府成本会计的构建 [J]. 财政研究, 2009（1）: 22-25.

[3] 财政部干部教育中心. 现代预算制度研究 [B]. 北京: 经济科学出版社, 2017.

[4] 曹堂哲, 罗海元. 部门整体绩效管理的协同机理与实施路径——基于预算绩效的审视 [J]. 中央财经大学学报, 2019（6）: 3-10.

[5] 何达基. 美国绩效预算的发展及公民参与的职责与局限 [J]. 中国发展观察, 2007（2）: 18-20.

[6] 胡侃. 公立高校预算绩效管理实施路径及建议 [J]. 财政监督, 2019（19）: 59-63.

[7] 李红霞, 周全林. 中期预算框架下预算绩效改革, 逻辑起点与路径选择 [J]. 当代财经, 2019（1）: 27-35.

[8] 李彦历. 我国财政资金绩效管理研究 [D]. 北京: 财政部财政科学研究所, 2010.

[9] 李志情, 董玲. 高校预算绩效管理存在的问题及建议 [J]. 会计之友, 2016（8）: 89-91.

[10] 刘成奎. 准确把握与推进全面绩效管理的思考 [J]. 财政监督, 2018（7）: 22-24.

[11] 刘国永 . 预算绩效管理案例解读 [M]. 南京：江苏大学出版社，2014.

[12] 楼继伟 . 深化财税体制改革 [B]. 北京：人民出版社，2015.

[13] 穆雷·霍恩 . 公共管理的政治经济学：公共部门的制度选择 [M]. 北京：中国青年出版社，2004.

[14] 马蔡琛 . 将全面实施预算绩效管理落地实处 [J]，中国财政，2018（1）：38–40.

[15] 母海林 . 新时代下我国高校绩效审计面临的现实问题与探讨 [J]. 财政监督，2018（20188）：76–79.

[16] 乔春华 . 高校经费绩效管理基本概念研究 [J]. 会计之友，2012（3）：110–115.

[17] 王源智，朱爽，冯浩 . 高校预算绩效评价探讨 [J]. 决策与信息，2018（6）：88–97.

[18] 王章莉 . 全面实施预算绩效管理背景下推进高校绩效审计的思考 [J]. 审计文摘，2019：82–84.

[19] 文宏 . 治理体系下的公共管理研究：中国共产党十八大以来的回顾、特征及展望——基于 CSSCI 期刊论文的可视化分析 [J]. 南京社会科学，2018（7）：56–64.

[20] 王志刚 . 绩效管理的成功实践：上海闵行财政预算改革的启示 [D]. 北京：财政部财政科学研究所，2011.

[21] 王海涛 . 我国预算绩效管理改革研究 [D]. 北京：财政部财政科学研究所，2014.

[22] 邬敏燕 . 基于"效果导向"的高校预算绩效管理初探 [J]. 教育财会研究，2013，24（4）：38–42.

[23] 吴杰柳，彦彬，邹梦妮 . 实施全面预算管理提升高校精细化管理水平——以 C 大学为例 [J]. 财政监督，2018（4）：33–39.

[24] 夏丹，杜国良 . 内涵式发展下高校预算绩效评价体系研究 [J]. 会计之友，2019（5）：104–109.

[25] 肖鹏 . 美国政府预算制度 [M]. 北京：经济科学出版社，2014.

[26] 余小平,孔志锋.在我国实行绩效预算的设想 [J].财政研究,2004（2）：2-6.

[27] 叶桐,高校预算绩效管理探索 [J].哈尔滨师范大学社会科学报,2019（3）：91-94.

[28] 周琳.高校绩效审计刍议 [J].新会计,2013（6）：45-48.

[29] 张维平.对中国实行绩效预算管理的思考 [J].当代财经,2015（2）：57-59.

[30] 赵合云.绩效预算改革引入权责发生制政府会计的有效性分析——基于制度关联性的视角 [J].中央财经大学学报,2009（5）：7-11.

[31] 张男星,王春春,姜朝晖.高校绩效评价：实践探索的理论思考 [J].教育研究,2015（6）：19-28.

[32] 张晓红.探析高校财务预算与绩效管理 [J].财会研究,2014（10）：144-146.

外文参考文献

[1] Ammons D N. Performance measurement and managerial thinking[J]. Public Perform Manage Rev,2002,25（4）：344-347.

[2] Andrews M. Authority, acceptance, ability and performance-based budgeting reforms[J]. Int J Public Sect Manage,2004,17（4）：332-344.

[3]Burke, J. C. & Serban, A. M.（eds.）. Performance Funding for Public Higher Education: Fad or Trend?. New Directions for Institutional Research, No. 97, Spring 1998. San Francisco, CA: Jossey-Bass Publishers,108.

[4] Bevan G, Hood C. What's measured is what matters: targets and gaming in the English public health care system[J]. Public Adm,2006,84（3）：517-538.

[5] Blöndal J R. Budget reform in OECD member countries[J]. OECD J Public Budg,2003,2（4）：7-25.

[6] Bohte J, Meier K. Goal displacement: assessing the motivation for organizational cheating[J]. Public Adm Rev, 2000, 60（2）: 173-182.

[7] Caiden N. Public service professionalism for performance measurement and evaluation[J]. Public Budg Finance, 1998, 18（2）: 35-52.

[8] Carnevale, A. P., Johnson, N. C. & Edwards, A. R. Performance-Based Appropriations: Fad or Wave of the Future? The Chronicle of Higher Education, April, 10, 1998, B6-B7.

[9]Grancay, Martin, Jolita Veinhardt, et al. Publish or Perish: How Central and Eastern European Economists Have Dealt with the Ever-Increasing Academic Publishing Requirements 2000-2015. Scientometrics, 2017, 111（3）: 1813-1837.

[10] Hatry, Harry P., Elaine Morley, et al. Comparative Performance Measurement. Washington, DC: The Urban Institute Press.

[11] Haoran, Lu. Performance Budgeting Resuscitated: Why Is It Still Inviable[J]? Journal of Public Budgeting, Accountability, and Financial Management, 1998, 10（2）: 151-172.

[12] Halachmi A. Performance measurement, accountability, and improved performance. Public Perform Manage Rev 25（4）: 370-374.

[13] Hatry H P. Performance measurement: fashions and fallacies[J]. Public Perform Manage Rev, 2002, 26（4）: 352-358.

[14] Hawkesworth I, Klepsvik K. Budgeting levers, strategic agility and the use of performance budgeting in 2011/12[J]. OECD J Budg, 2013, 13（1）: 105-140.

[15] Hood C H. Gaming in target world: the targets approach to managing British public services[J]. Public Adm Rev, 2006, 66（4）: 515-521.

[16] Jordan, Meagan M, Merl M Hackbart. Performance Budgeting and Performance Funding in the States: A Status Assessment[J]. Public

Budgeting and Finance: New Brunswick,2000,19(1):68–88. Spring.

[17] Kells, H. R. An Analysis of the Nature and Recent Development of Performance Indicators in Higher Education[J]. Higher Education Management,1992,4(2),131–138.

[18]Lancer Julnes P. Performance measurement: an effective tool for government accountability? The debate goes on[J]. Evaluation,2006, 12(2):219–235.

[19] Lynch, T. D. Public Budgeting in America. New York: Prentice–Hall. Burke, J. C. & Serban, A. M. (eds.)(1998b). Performance Funding for Public Higher Education: Fad or Trend?. New Directions for Institutional Research, No. 97, Spring 1998. San Francisco, CA: Jossey–Bass Publishers, 108.

[20]Machacek, Vít, and Martin Srholec. Mistni casopisy. Praha: IDEA. Moed, Henk F., Marc Luwel, and A.J. Nederhof. 2002. Towards Research Performance in the Humanities. Library Trends,2017,50(3): 498–520.

[21] Webber D. Managing the public's money: from outputs to outcomes–and beyond[J]. OECD J Budg,2004,4(2):101–121.

[22] Mackay K. The performance framework of the Australian government, 1987 to 2011[J]. OECD J Budg,2011,11(3):1–48.

[23] Mayne J. Challenges and lessons in implementing results–based management[J]. Evaluation,2007,13(1):87–109.

[24] Moynihan D P. Why and how do state governments adopt and implement "managing for results" reforms? J Public Adm Res Theory, 2005,15(2):219–243.

[25]Pajić, Dejan. Globalization of the Social Sciences in Eastern Europe: Genuine Breakthrough or a Slippery Slop of the Research Evaluation Practice? Scientometrics,2015,102(3):2131–2150. https: // doi.org/10.1007/s11192–014–1510–5.

[26]Pruvot, Enora Bennetot, Anna-Lena Claeys-Kulik, et al. Strategies for Efficient Funding of Universities in Europe. In The European Higher Education Area, 2015: 153-168. Springer International Publishing. https://doi.org/10.1007/978-3-319-20877-0_11.

[27] Pollitt C. Integrating financial management and performance management[J]. OECD J Budg, 2001, 1 (2): 7-37.

[28] Posner, Paul. Performance Budgeting: A Critical Process[J]. Public Manager, 1999 (28)3: 8,

[29]Schick, Allen. Budgeting for Results: Recent Developments in Five Industrialized Countries[J]. Public Administration Review, 1990, 50 (1): 26. https://doi.org/10.2307/977291.

[30] Schick, Allen. The Metamorphoses of Performance Budgeting[J]. OECD Journal on Budgeting, 2014, 13 (2): 49-79. https://doi.org/10.1787/budget-13-5jz2jw9szgs8.

[31] Shea, Robert J. "Performance Budgeting in the United States." OECD Journal on Budgeting, 2008, 8 (1): 2-3.

[32] Schick A . Performance budgeting and accrual budgeting: decision rules or analytic tools[J]? OECD J Budg, 2007, 7 (2): 109-138.

[33]Teodorescu, Daniel, Tudorel Andrei. An Examination of 'Citation Circles' for Social Sciences Journals in Eastern European Countries[J]. Scientometrics, 2014, 99 (2): 209-231. https://doi.org/10. 1007/s11192-013-1210-6. Data from Web Pages of the Czech and SlovakMinistries for Education.

[34]Volkwein, J. F. State Financial Control Practices and Public Universities: Results of a National Study. Paper presented at the annual meeting of the Association for the Study of Higher Education, March, Chicago, IL, 1984.